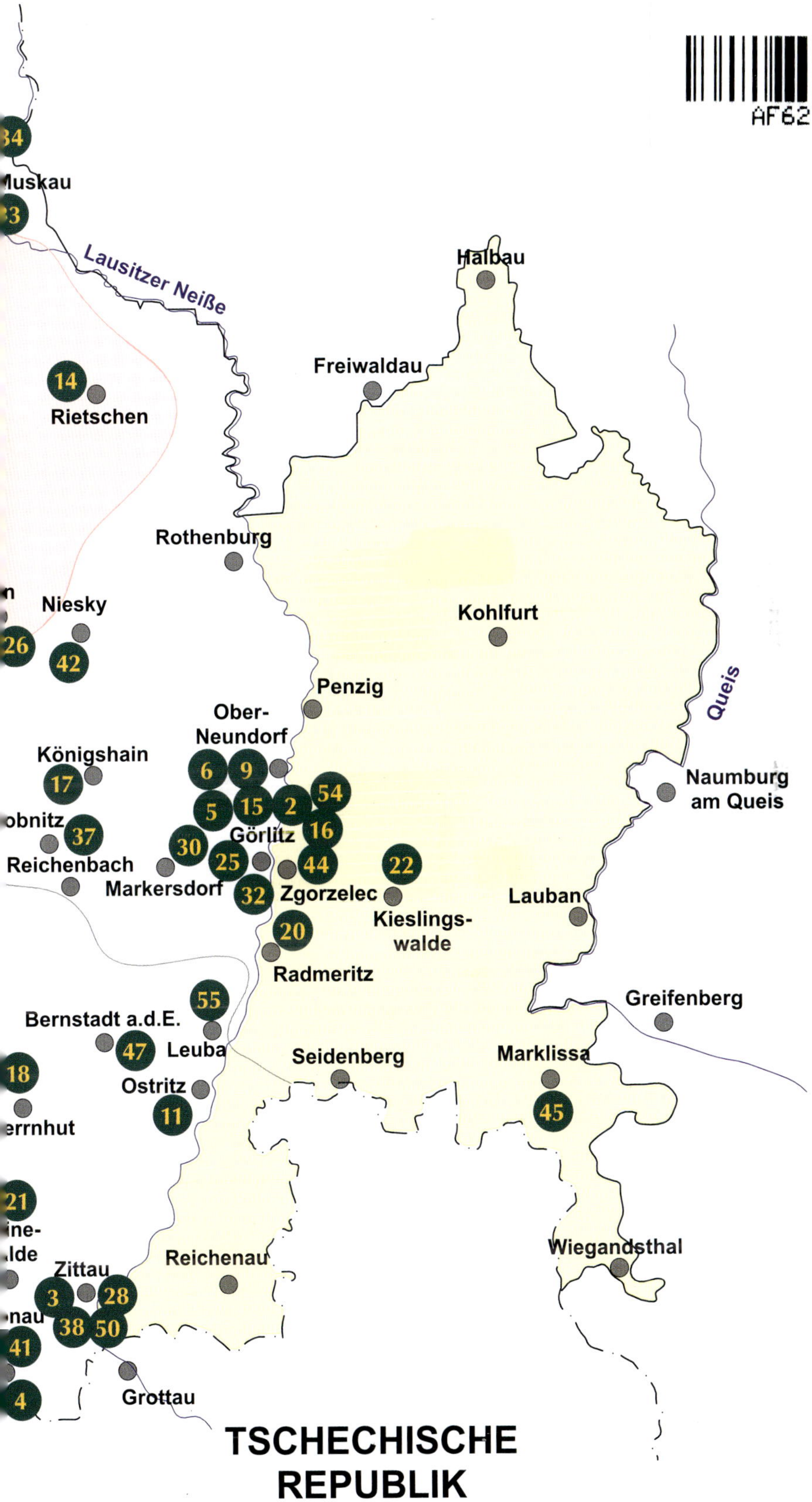
Lausitzer Neiße
Halbau
Freiwaldau
Rietschen
Rothenburg
Niesky
Kohlfurt
VR POLEN
Penzig
Queis
Ober-
Neundorf
Königshain
Naumburg
am Queis
Görlitz
Reichenbach
Markersdorf
Zgorzelec
Kieslings-
walde
Lauban
Radmeritz
Greifenberg
Bernstadt a.d.E.
Leuba
Seidenberg
Marklissa
Ostritz
Reichenau
Wiegandsthal
Zittau
Grottau
TSCHECHISCHE
REPUBLIK

Andreas Bednarek

Oberlausitz

55 Meilensteine der **Geschichte**

Menschen, Orte und Ereignisse, die unsere Region bis heute prägen

SUTTON

Inhalt

Die Oberlausitz
Kulturlandschaft mit großer Geschichte

Mit ihren stolzen, fast tausendjährigen Städten zählt die Oberlausitz zu den reizvollen und historisch bedeutsamen Landschaften des östlichen Deutschlands. Durch ihre geographische Lage verband sie über die Hohe Straße die Märkte in Ost- und Westeuropa und hielt mit dem Gebirgsübergang bei Zittau die Verbindung nach Prag und zu den südlichen Handelsplätzen. Die Oberlausitz wird im Osten begrenzt durch den Queis (poln. Kwisa), einen Fluss, der im Isergebirge entspringt und in den Bober (poln. Bóbr) mündet. Über Jahrhunderte hinweg war der Fluss auf gut 100 Kilometern Länge die Grenze zu Schlesien. Im Westen grenzt die Oberlausitz an Sachsen. Von dem Gipfel des Howaldes zieht sich die Grenze in nordwestlicher Richtung, vorbei an Bischofswerda, und ab Pulsnitz markiert das gleichnamige Flüsschen den Grenzverlauf und verläuft nahe dem kleinen Städtchen Ruhland zur brandenburgischen Grenze. Im Süden bildet das Zittauer Gebirge und der Kamm des Oberlausitzer Berglandes seit alters die natürliche Grenze zu Böhmen. Eine ganz andere Topographie hingegen ist im Norden an der Grenze zu Brandenburg zu erleben. Nördlich der Linie Lauban-Görlitz-Bautzen-Königsbrück gehen die Ausläufer des Berglandes, die sich hier bereits in liebliches Hügelland verwandelt haben, in eine weite Ebene über. Spürbar nimmt auch die Besiedlungsdichte ab. Hier dominieren Heidelandschaften wie die Ruhländer, die Muskauer oder auch die Görlitzer Heide. Durchlöchert werden diese sandigen Heiden durch zahlreiche Gewässer, die seit dem Mittelalter für die Fischzucht künstlich angelegten Teiche und die im Zuge der Renaturierung der Braunkohlentagebaue entstandenen Seen.

Über Jahrhunderte war die Oberlausitz ein böhmisches Kronland. Der Landesherr war der König von Böhmen, bis sie 1635 als erbliches böhmisches Lehen an das Kurfürstentum Sachsen gelangte. Die bis dahin unverrückbare Einheit des Landes wurde im Zuge der Beschlüsse des Wiener Kongresses 1815 nachhaltig gestört, als der nordöstliche Teil an Preußen fiel. Quer durch das Land zog sich von Südost nach Nordwest fortan eine Grenze. Mit dem Protokoll von Potsdam 1945 entstand eine neue Grenzziehung, als der Teil östlich der Lausitzer Neiße nunmehr zu Polen gehörte. Die Lausitzer Neiße ist seitdem eine Landes- und auch Sprachgrenze zwischen Polen und Deutschland.

Staats- und verfassungsrechtlich war die Oberlausitz ein politisches Kuriosum. Bis in das 19. Jahrhundert hinein lenkte eine Ständeversammlung aus Vertretern der Rittergüter, des Klerus und der Städte die Geschicke der Oberlausitz, die weitgehend autonom über ihre Belange entscheiden konnten. In veränderter Form blieben diese Strukturen auch nach der Teilung der Oberlausitz im Jahre 1815 bestehen, wenngleich die neuen preußischen Landstände zu Kommunalständen herabsanken. Erst zu Beginn des 20. Jahrhunderts sollten diese Regionalregierungen ihre letzten verbliebenen Rechte und Funktionen verlieren, ehe sie von den Nationalsozialisten gänzlich aufgelöst wurden.

Die sogenannten Sechsstädte lagen allesamt an mittelalterlichen Handelsstraßen.

Bautzen, die wohl älteste Stadt und schon im Jahr 1002 bei Thietmar von Merseburg als zentraler Ort der Oberlausitz erwähnt, darf wohl als Hauptstadt der Oberlausitz bezeichnet werden. Schon früh, 1018, schrieb die Stadt mit dem Frieden zu Bautzen deutsch-polnische Geschichte. Majestätisch über der Spree aufragend, hat sie eine der schönsten Stadtansichten Deutschlands. Görlitz dagegen war die größte Stadt und das wirtschaftliche Haupt der Oberlausitz. Ihre bedeutende historische Bausubstanz in der Altstadt und dem Zentrum blieb im letzten Weltkrieg weitgehend unzerstört, und so ist Görlitz heute eines der größten und bedeutendsten Denkmalreservate Deutschlands. Im Süden liegt Zittau. Von hier aus führte der Handelsweg über die Höhen des Zittauer Gebirges in das böhmische Becken hinein und stellte eine wichtige Verbindung nach Prag dar. Kamenz, Löbau und Lauban waren deutlich kleiner, sind aber dennoch mit viel Geschichte beladen. Nicht selten wurden diese Städtchen im Zuge der Industrialisierung des späten 19. Jahrhunderts von anderen Orten überholt, wie Weißwasser als Zentrum der Glasindustrie oder Hoyerswerda, das mit dem Abbau von Braunkohle zu einem beachtlichen wirtschaftlichen Zentrum und in der DDR zu einer sozialistischen Vorzeigestadt emporgewachsen war.

Neben Hoyerswerda haben die Standesherrschaften Königsbrück und Muskau die historische Landschaft bereichert. Insbesondere von Muskau, dass sich seit 1811 in den Händen Hermann von Pücklers befand, ging eine besondere Wirkung aus. Mit seinen Plänen zur Landschaftsgestaltung, die er ab 1815 in den ausgedehnten Ländereien der Standesherrschaft umsetzte, errang er international große Beachtung.

Und auch religionsgeschichtlich ist die Oberlausitz eine Besonderheit, denn nach dem Übergang an Kursachsen 1635 war geregelt worden, dass sich an den konfessionellen Verhältnissen nichts ändern durfte. So gibt es hier neben evangelischen Kirchen die zwei ältesten ununterbrochen mit einem Konvent besetzten Zisterzienserinnenklöster im deutschen Sprachraum. Das Kloster St. Marienthal, südlich von Ostritz an der Lausitzer Neiße gelegen, wird bereits 1234 erstmals erwähnt, und das nur wenige Jahre später gegründete Kloster St. Marienstern, östlich von Kamenz gelegen, gehört mit seiner Ausstattung zu den bedeutenden kirchlichen Schätzen des Landes. Ganz anders hingegen die Siedlung der mährischen Brüder südlich von Löbau. Und 1728 gründete sich die bis heute weltweit aktive evangelische Freikirche der Herrnhuter Brüdergemeine. Der pietistisch gebildete sächsische Adlige Nikolaus Ludwig von Zinzendorf gewährte 1722 ankommenden Glaubensflüchtlingen auf seinem Gut Berthelsdorf Zuflucht und stellte Land für eine Siedlung zur Verfügung, das spätere Herrnhut. Berühmt wurde die Brüdergemeine durch ihre internationale Missionsarbeit in vielen Teilen der Welt.

Die Oberlausitz besticht durch ihre kulturelle Vielfalt. Davon zeugt auch das Volk der Sorben, die seit alters ihr Siedlungsgebiet um Bautzen haben. Diese nationale Minderheit konnte ihre Sprache, ihre Kultur und ihre vielfältigen kulturellen Traditionen bewahren, die u.a. durch ihre Trachten und die Osterbräuche, zum Beispiel das Osterreiten, wahrgenommen werden.

Die Oberlausitz ist eine historisch bedeutsame Landschaft. Umgeben von Böhmen, Sachsen, Brandenburg und Schlesien wurde sie geprägt durch die unterschiedlichsten kulturellen Einflüsse, hat aber trotz der vielen Veränderungen im Verlaufe der Zeit den Liebreiz der Landschaft und seinen Reichtum an Natur und Kunst erhalten können.

1 Ein altes Schutz- und Trutzbündnis
Der Oberlausitzer Sechsstädtebund

Im Jahre 1346 wurde ein Bündnis der sechs Oberlausitzer Städte zur Sicherung des Landfriedens begründet. Dieses Bündnis erhielt weitreichende Befugnisse und war eine bedeutende politische Macht in der Oberlausitz. Bis zu seiner Auflösung im Jahre 1815 war es der stabilste Städtebund auf deutschem Boden.

Zu Beginn des Spätmittelalters entwickelte sich die Oberlausitz zu einer wirtschaftlich prosperierenden Landschaft. Mit der Hohen Straße durchzog eine wichtige transeuropäische Handelsstraße die Oberlausitz von West nach Ost und verband sie über Zittau mit den aufblühenden Städten im böhmischen Becken. Träger dieser Blüte waren vor allem die Städte. Diese Entwicklung weckte Begehrlichkeiten außerhalb der Oberlausitz, und gleichzeitig nahmen aber auch die Unsicherheiten auf den Straßen durch Kriminelle und durch Raubzüge des Landadels zu. So waren seit dem 14. Jahrhundert die Städte aktiv an der Herstellung des Rechtsfriedens beteiligt. Im Jahre 1339 schlossen die schlesischen Städte Breslau, Neumarkt, Glogau, Strehlen und Ohlau mit den Oberlausitzer Städten Görlitz, Löbau, Bautzen und Kamenz ein Bündnis. Dabei handelt es sich vornehmlich um an der Hohen Straße liegende Städte. Ihr gemeinschaftliches Ziel war die Sicherung des Straßenraumes. König Johann bestätigte das auf zwölf Jahre angelegte Bündnis.

Nur sieben Jahre später wurde dieses durch ein neues Bündnis, ausschließlich von den Oberlausitzer Städten getragen, ersetzt. Der Sechsstädtebund umfasste neben Görlitz, Löbau, Bautzen und Kamenz nun auch die Städte Zittau und Lauban. Hintergrund war die Gefährdung von „grosin unlidelichen schadin von roubern und andirn bosen luten“. Am 21. August 1346 trafen sich, wohl auf Anregung des Landvogts von Worganowitz, die sechs Städte in Löbau und vereinbarten u.a., sich bei der Verfolgung und Bestrafung zu unterstützen. 1350 wurde der Vertrag erneuert, blieb aber noch weitere fünf Jahre ohne förmliche Bestätigung die Grundlage des gemeinsamen Handelns. Am 26. September 1355 erfolgte die ausdrückliche Anerkennung durch den König von Böhmen Karl IV. Dieser verlieh dem Bündnis weitreichende Befugnisse, so u.a. die richterliche Gewalt über Adel, Bürger und Bauern. Damit wuchs das politische Gewicht der Städte.

Eine herausgehobene Position hatte mit der Siegelführung des Bundes Bautzen inne, Görlitz zahlte als wirtschaftlich bedeutendste Stadt den größten Anteil in die Bündniskasse, und Löbau hatte sich als Konventsort in der scheinbar geographischen Mitte eine Position gesichert. Eine Hierarchie innerhalb des Bündnisses hat es trotz der unterschiedlichen wirtschaftlichen Verhältnisse der einzelnen Städte nicht gegeben. Auf den Städtetagen wurden Fragen des Landfriedens und der Bündnispolitik beraten, aber auch Streitigkeiten der Städte untereinander ver-

Löbau, Konventsort des Sechstädtebundes.

handelt. Zu nennen ist da der Bierkrieg zwischen Görlitz und Zittau im Jahre 1490, der schließlich durch das Eingreifen des Landvogtes beigelegt werden konnte.

Die Blütezeit des Städtebundes fiel in die ersten 200 Jahre seines Bestehens. Zu Beginn des 15. Jahrhunderts begann der Stern der Städte zu sinken. Mit dem Oberlausitzer Pönfall im Jahre 1547 erlebte der Sechsstädtebund wegen mangelnder Hilfeleistung im Schmalkaldischen Krieg ein hartes Strafgericht des böhmischen Königs Ferdinand I. und damit erhebliche Einschränkungen. Die Städte konnten ihre wirtschaftliche Position schrittweise wieder herstellen, ihre politische Stellung in der Landespolitik war jedoch verloren.

Es gab vergleichbare Bündnisse in Deutschland, so u.a. den Rheinischen Städtebund (1254–1257; 1381–1389), den Zehnstädtebund im Elsaß (1354–1788) und den Schwäbischen Städtebund (1376–1389), aber kein Bündnis prägte die Landespolitik so lange und so nachhaltig wie der Sechsstädtebund in der Oberlausitz. Mit den Festlegungen des Wiener Kongresses zur Teilung der Oberlausitz erlosch der Sechsstädtebund nach fast 500-jährigem Bestehen.

2 Die schönste Stadt Deutschlands

Das Denkmal Görlitz

Kaum eine andere Stadt hat sich epochenübergreifend zu einem räumlichen Gesamtkunstwerk von höchster Qualität entwickelt. Zwei große Blütezeiten dieser Stadt spiegeln sich in den Bauten und ihrer Geschichte.

Eingebettet in die dichte Kulturlandschaft der Oberlausitz nimmt die Stadt Görlitz einen besonderen Platz ein. Es ist der überragende Baubestand aus sieben Jahrhunderten, der unter anderem zwei große Blütezeiten der Stadtgeschichte, das späte Mittelalter und das 19./20. Jahrhundert, spiegelt. Drei Umstände der jüngeren Geschichte ermöglichen es, eine urban gewachsene Stadtlandschaft ohne wesentliche Veränderungen der jüngeren Vergangenheit zu erleben. So verlagerte sich das Stadtzentrum zur Mitte des 19. Jahrhunderts auf das Gelände zwischen Altstadt und dem eben angelegten Bahnhof. Die Altstadt blieb eine Wohnstadt der ärmeren Bevölkerungsschichten ohne großen Investitionsbedarf. Beide Epochen, die des späten Mittalters und des Historismus, überlagerten sich kaum. Von den Zerstörungen des Zweiten Weltkriegs blieb Görlitz auf Grund der deutschen Gegenoffensive im Februar 1945 im Raum Lauban/Bunzlau verschont. Nur 37 Häuser wiesen Totalschäden auf, und weitere 78 zeigten schwere Teilschäden. Und schließlich lebt in Görlitz eine große Denkmalpflegetradition. Im Jahre 1907, viel früher als die meisten deutschen Städte, gab sich Görlitz eine strenge Ortssatzung zum Schutze des Stadtbildes. Diese Tradition lebte auch nach 1945 weiter fort. So erfuhr die Altstadt eine ständige und fachgerechte Betreuung und Pflege, was trotz manch schwieriger Bedingungen zur weitgehend komplexen Erhaltung der Bausubstanz beitrug.

Die steinernen Abbilder einer wechselvollen Geschichte fügen sich in Görlitz zu einem großen Kunstwerk. Nicht nur die Kirchen, das Rathaus und die vielen Kaufmannshäuser machen den Reiz der Altstadt aus – es ist das Gesamtensemble mit seinen vitalen Details, die unverfälscht auf uns gekommen sind. Kraftvolle Bögen halten hier und da zwischen den Häusern den Platz für ein schmales Gässchen frei, in dem es kleine Handwerkerhäuser zu entdecken gibt. Leicht gekrümmte Straßenfronten führen das Auge wie zufällig immer wieder zu Türmen, charakteristischen Giebeln oder Erkern. Neben den Hallenhäusern der Tuchhändler besitzt Görlitz mit den Bauten des frühen 16. Jahrhunderts ein weiteres Alleinstellungsmerkmal. Der bedeutende Kunsthistoriker Wilhelm Lübke bemerkte 1875, dass „keine Stadt Deutschlands … sich darin mit Görlitz messen (kann), keine vermag eine solche Reihe einfach edel behandelter Fassaden der Frührenaissance aufzuweisen, die sich gelegentlich auch zur reichsten Pracht entfalten".

Die kulturgeschichtliche Leistung der im 19. Jahrhundert wirkenden Generationen ist nicht hoch genug zu bewerten. Ohne einschlägige Erfahrungen und Kenntnisse standen sie am Beginn des

Der Görlitzer Untermarkt mit dem Alten und Neuen Rathaus.

Industriezeitalters einer demographischen Entwicklung von bisher unbekannten Ausmaßen gegenüber und lernten, diese in technischer, wirtschaftlicher und sozialer Hinsicht zu beherrschen. Die Ergebnisse jener Arbeit prägen in vielen deutschen Städten die heutige Lebenssphäre. Görlitz nimmt jedoch bei alledem einen besonderen Rang ein. Von vielen bedeutenden Architekten gestaltet, verschont von den Zerstörungen des Zweiten Weltkrieges und vergessen in der Zeit großzügiger Modernisierungen, hat sich, wie nur selten, hier ein dichtbebauter Stadtteil in vorzüglicher architektonischer Qualität erhalten. Dabei sind sämtliche Lebensbereiche reichhaltig repräsentiert, nämlich Wohnquartiere, Kirchen und öffentliche Bauten ebenso wie große Kulturbauten, Kaufhausarchitektur, Verkehrsbauten und Industriedenkmale. Görlitz war so durch den Zuschnitt seiner neueren Straßenviertel und die Anlage seiner öffentlichen Bauten zu einer der anmutigsten und charaktervollsten Provinzstädte Deutschlands emporgestiegen.

3 Sakrales Tuch von großer Bedeutung
Das Große Zittauer Fastentuch

Eine der großen sakralen Kostbarkeiten erlebte in den vergangenen zwei Jahrhunderten eine unglaubliche Odyssee, wurde schließlich doch gerettet und ist heute in der größten Vitrine der Welt zu sehen.

Die kleine Kirche zum Heiligen Kreuz am nordöstlichen Rand der Zittauer Altstadt ist eine besondere Kostbarkeit. Inmitten eines lieblich anmutenden barocken Friedhofs mit schönen Grufthäusern erhebt sich der Kirchbau mit seinem schlanken, hochaufragenden Dachreiter. Eine hohe Mauer umschließt das Areal, und man lässt beim Betreten den Alltagslärm plötzlich hinter sich. Es ist eine tiefe Einstimmung auf das nun folgende Erlebnis des Kirchenraumes. Im Inneren präsentiert sich die gotische Kirche als ein Einstützenraum, wie er sonst nur noch in der Oberlausitz in der Barbarakirche zu Ebersbach bei Görlitz zu sehen ist. Die Heilig-Kreuz-Kirche gilt heute als der größte Einstützenraum Deutschlands. Fragmentarische Wandmalereien lassen den Reichtum der einstigen Ausstattung der 1410 geweihten Kirche erahnen.

Die Kirche sieht auf eine wechselvolle Geschichte zurück. Sie wurde als Begräbniskirche genutzt und nach einem Brand 1643 wieder instandgesetzt. Vermutlich mit der Schließung des Friedhofes erlosch auch ihre einstige Funktion, und schließlich wurde sie 1972 entwidmet. Danach erlebte sie Vernachlässigung und Vandalismus. Erst 1986 erfolgte eine Notsicherung durch eine engagierte Feierabendbrigade, und in den neunziger Jahren wurden zunächst die Außenhaut und das Dach instandgesetzt, bis dann auch der Innenraum für eine neue Nutzung gerichtet werden konnte. Seit 1999 zeigt sie sich nicht nur in alter Schönheit, sondern der säkularisierte Raum bietet auch den architektonischen Rahmen für eine besondere sakrale Kostbarkeit. In einer riesigen, bis an das Gewölbe reichenden Ausstellungsvitrine wird unter streng kontrollierten klimatischen Bedingungen das Große Zittauer Fastentuch präsentiert.

Fastentücher dienten zwischen Aschermittwoch und der Karwoche dem Verhüllen des Chorraumes bzw. des Altars, um der Gemeinde den Blick in das liturgische Zentrum zu verstellen. Solche Tücher waren bereits im 13. Jahrhundert in Gebrauch und wurden in ganz unterschiedlicher Art hergestellt. Das Zittauer Fastentuch hat eine Größe von 8,20 m x 6,80 m und ist damit nicht nur das größte Tuch seiner Art, sondern auch das einzige erhaltene Exemplar des sogenannten Feldertypus. Es ist eines der eindrucksvollsten Textilwerke abendländischer Kunst. Auf 90 Feldern werden die biblischen Szenen des Alten und des Neuen Testamentes, beginnend mit der Schöpfung bis hin zum Jüngsten Gericht, dargestellt. Zur Ausführung kam eine nasse Tüchleinmalerei, eine in Tempera ausgeführte Malerei.

Das Tuch hat selbst eine sehr wechselvolle Geschichte erlebt. 1472 stiftete es ein Gewürz- und Getreidehändler für die Zittauer Hauptkirche St. Johannes. Nach

Kirche zum Heiligen Kreuz.

200 Jahren verschwand es aus den Augen der Gläubigen und geriet in Vergessenheit. 1840 wurde es in der Zittauer Ratsbibliothek wieder aufgefunden. Auf Ersuchen des Königlich-Sächsischen Altertumsvereins wurde es 1842 nach Dresden gebracht, um es dort zu präsentieren. Erst 1876 kehrte das Fastentuch wieder nach Zittau zurück – und dann zeigte sich das eigentliche Problem. In Zittau stand kein Raum zur Verfügung, der dauerhaft ein solch großes Tuch präsentieren konnte. Folgerichtig fand es nach einer Ausstellung im Bürgersaal des Rathauses seinen Platz im Depot. 1945 in den Schutz der Burg Oybin verbracht, fanden es Soldaten der Roten Armee. Ohne den Wert zu erkennen, nutzten sie es als Abdichtung für ihre Sauna. Schwer geschädigt kehrte das Tuch wieder in das Zittauer Museum zurück. Es sollte aber noch Jahrzehnte dauern, bis es durch viele Unterstützer, allen voran Frau Dr. Mechthild Flury-Lemberg von der Schweizer Abegg-Stiftung, gelang, diese sakrale Kostbarkeit zu retten und in der Heilig-Kreuz-Kirche dauerhaft zu präsentieren.

4 Kaiserhaus und Sehnsuchtsort
Der Oybin

Auf den schroffen Sandsteinfelsen aufgesetzt, zeigt die atemberaubende Konstruktion der Klosterkirche die Meisterschaft einer der führenden Bauhütten des Spätmittelalters. Noch heute hat der Berg eine magische Anziehungskraft.

Halbwegs von Zittau zur tschechischen Grenze führt die Straße vorbei an einem merkwürdigen Sandsteinfelsen. Hochaufragend, von schroffen Felswänden begleitet, wirkt er wie ein Bienenkorb, und so wird er Oybin genannt. Kaum zugänglich, wurde er schon frühzeitig als ein strategisch idealer Verteidigungsort erkannt. Hier wurde in besonderer Weise Geschichte geschrieben.

Karl IV. gilt als einer der bedeutendsten Herrschergestalten des späten Mittelalters. Sein Vater Johann von Luxemburg, König von Böhmen, gab ihm den Namen Wenzel. Die guten Verbindungen der Luxemburger zum französischen Hof verschafften dem jungen Wenzel dort eine ausgezeichnete Bildung. So beherrschte er u.a. fünf Sprachen. In Anlehnung an Karl den Großen erhielt er den französischen Königsnamen Karl. 1333 kehrte er an den Prager Hof zurück.

Im Jahre 1347 folgte er seinem Vater als König von Böhmen. Unmittelbar danach führte ihn sein Weg nach Bautzen, um sich von den Lausitzer Ständen huldigen zu lassen. Dies war nicht das einzige Mal, dass Karl VI. Bautzen aufsuchte. Im Jahre 1350 wurde mit dem Vertrag von Bautzen die Einigung mit den bayerischen Wittelsbachern geschlossen. Der Weg in das böhmische Kronland führte vorbei an dem eigenwilligen Berg Oybin, der wohl Karls Interesse erregte. Vermutlich gab es auf dem Plateau des Berges bereits eine kleine, hölzerne Anlage.

Mit dem Regierungsantritt Karls begann eine Blütezeit für Böhmen. Prag wurde von ihm zu einem der wichtigsten geistigen und kulturellen Zentren seiner Zeit ausgebaut. Nach seiner Krönung zum römisch-deutschen Kaiser 1355 wurde sie auch zur politisch wichtigsten Stadt des Heiligen Römischen Reiches. Das Interesse des Kaisers am Oybin blieb wach. Auf sein Geheiß wurde 1364 nördlich des alten Wohnturms ein zweigeschossiger Palast, das Kaiserhaus, errichtet. Das Kaiserhaus war ausgestattet mit verglasten Fenstern sowie mit einer Steinofen-Luftheizung. Auf einer Reise hatte der Kaiser Kontakt mit dem Orden der Cölestiner geknüpft. Die sehr zurückgezogen lebende Gemeinschaft fühlte sich der Bildung und Wissenschaft verpflichtet. Karl IV., der sich sehr um die Förderung der Wissenschaften mühte – so gründete er u.a. 1348 die erste Universität im östlichen Mitteleuropa, die Karls-Universität –, fühlte sich zu den Geistlichen hingezogen und stiftete ihnen ein Kloster auf dem Berg Oybin. Auf engstem Raum schufen die Hüttenleute des Prager Dombaumeisters Peter Parler mit der Kirche ein Meisterwerk der Gotik. 1384 wurde die Kirche geweiht. Das Kaiserhaus wurde allerdings nie von Karl bezogen. Im späten

Der Oybin mit den Ruinen des Kaiserhauses und des Cölestinerklosters.

15. Jahrhundert fanden eine Reihe von Reparaturen und Umbauten statt. Unter Conrad Pflüger entstand ein großes Vorhangbogenfenster, das heute als Bibliotheksfenster bezeichnet wird.

Nach der Reformation erlosch das Interesse an der Burg und dem Kloster, und mangels Nachfolge zog 1559 der letzte Mönch nach Zittau. 1574 erwarb die Stadt Zittau den Berg mit allen Bauten, die drei Jahre später in einem Feuer, ausgelöst durch einen Blitzschlag, untergingen.

Zu Beginn des 19. Jahrhunderts entdeckten die Romantiker Caspar David Friedrich und Carl Gustav Carus die pittoreske Ruinenlandschaft. Vor allem die Reste der einstigen Klosterkirche mit den hochaufragenden Schiffwänden hatten es den Künstlern angetan. Caspar David Friedrich nutzte diese Kulisse für seine Arbeiten „Huttons Grab" (1823) und „Der Träumer" (1835), und Carl Gustav Carus schuf 1828 mit „Fenster am Oybin im Mondschein" eine Szene am Bibliotheksfenster.

Der Berg Oybin hat von seiner Anziehungskraft nichts eingebüßt. Noch heute pilgern die Menschen vorbei an der zauberhaften barocken Dorfkirche den Berg hinauf, um in den Ruinen ihrer Fantasie freien Lauf zu lassen.

5 Das Jerusalem von Görlitz
Das Heilige Grab

Am Ende des Mittelalters entstand in Görlitz der erste symbolische Landschaftsgarten Deutschlands mit einem Ensemble, in dessen Mittelpunkt das Heilige Grab steht. Es ist ein Denkmal von internationaler Bedeutung.

Seit Jahrtausenden spielt die Stadt Jerusalem eine besondere Rolle. Die Juden verehren diese Stadt, weil sich dort ihr Haus Gottes, der Tempel befand. Für Christen ist Jerusalem der Ort, an dem Jesus von Nazareth seinen Leidensweg erlebte, den Tod am Kreuz erlitt und schließlich auferstand. Für die Muslime ist die Al Aksa Moschee auf dem Tempelberg der drittwichtigste Gebetsort ihrer Gemeinschaft.

Jerusalem wurde zum Sehnsuchtsort der Christen, als Helena, Mutter des römischen Kaisers Konstantin, 326 die Reste des Kreuzes fand, an dem Jesus starb. Am Ort der Kreuzauffindung ließen Helena und ihr Sohn eine Grabeskirche errichten. Fortan pilgerten ungezählte Christen zu den heiligen Städten. In den folgenden Jahrhunderten entstanden symbolische, später auch reale Nachbildungen des Heiligen Grabes. Die Michaelskirche in Fulda, als Grablege für Abt Eigil von Fulda um 820 errichtet, gilt als die älteste erhaltene Nachbildung in Deutschland. Auch Görlitz besitzt einen spätmittelalterlichen Nachbau. Er zeigt annähernd originalgetreu das Heilige Grab als Anlage mit Leidensweg und symbolischem Landschaftsgarten und damit etwas Besonderes.

Um die Entstehung des Heiligen Grabes zu Görlitz ranken sich viele Erzählungen. Einer umstrittenen Legende nach soll der wohlhabende und einflussreiche Görlitzer Kaufmann Georg Emmerich damit ein Gelöbnis eingelöst haben, das er bei einer Wallfahrt nach Jerusalem abgelegt hatte. Vorausgegangen waren persönliche Verstrickungen Emmerichs, die tief in die parteipolitischen Auseinandersetzungen der städtischen Führungsschicht hineinreichten. Von der Pilgerfahrt soll Emmerich die Pläne des Heiligen Grabes mitgebracht haben.

Im Jahre 1480 stellte der Rat von Görlitz beim Bischof von Meißen einen Bauantrag für eine steinerne Kreuzkapelle. Als Baumeister ist Conrad Pflüger nachweisbar. 1504 erfolgte die Einweihung der Anlage. Das Heilige Grab besteht aus einem Ensemble von drei Bauten, der Kreuzkapelle, dem Salbhäuschen und der Grabkapelle. Die Kreuzkapelle mit ihrem weithin sichtbaren hochaufragenden Dachreiter liegt auf einer Anhöhe über dem heutigen Straßenniveau. Sie ist eine spätgotische Doppelkapelle mit der Adamskapelle zu ebener Erde und der darüber gelegenen Golgathakapelle. In beiden Räumen finden sich zahlreiche symbolhafte Details zur Leidensgeschichte Jesu in Anlehnung an das Jerusalemer Vorbild. Nordwestlich der Kreuzkapelle folgt das Salbhäuschen mit einer Pieta von Hans Olmützer. Die eigentliche Grabkapelle, nordwestlich davon gelegen, fällt durch die orientalischen Formen auf. Hier sind die stärksten Parallelen zum Vorbild

Das Heilige Grab.

zu finden, wurde doch die Jerusalemer Grabkapelle kopiert, lediglich im Maßstab etwas verkleinert.

Das Bautenensemble ist eingebettet in einen symbolischen Landschaftsgarten, dessen natürliche Gegebenheiten in die symbolhafte Ausdeutung einbezogen wurden. So wird im Lunitztal das „Tal Kidron“ gesehen, in dem dahinter ansteigenden Gelände der „Ölberg“. Selbst der Kreuzweg wurde in die vorgefundene Topographie der Stadt eingefügt. Seine Stationen sind mit Bildstöcken gekennzeichnet. Beginnend in der Unterkirche der Peterskirche, führte er durch die Nikolaivorstadt hindurch bis zum Heiligen Grab, einst vor den Toren der Stadt gelegen. Am alten Hauseingang der Jesus-Bäckerei am Nikolaigraben hat sich ein solcher Bildstock erhalten. An Karfreitag verbindet ein evangelisch verantworteter Kreuzweg zum Heiligen Grab Jahr um Jahr mehrere hundert Teilnehmerinnen und Teilnehmer.

Das Heilige Grab in Görlitz ist ein bis heute sichtbares Zeugnis spätmittelalterlicher Frömmigkeit in ihrer vielschichtigen Ausprägung. Prozessionsweg, Landschaftsgarten und die drei zentralen Bauten bilden ein Gesamtensemble, das in dieser Form einzigartig und ein kulturgeschichtliches Denkmal von europäischem Rang ist.

6 Repräsentation und Wirtschaftskraft
Das Görlitzer Hallenhaus

Die Görlitzer Fernkaufleute entwickeln am Ende des Mittelalters für den Tuchhandel ihre eigene Hausstruktur und verbinden sie mit einem immer stärker werdenden Bedürfnis der Repräsentation. Das ist die Geburtsstunde des Görlitzer Hallenhauses, eines Haustyps, der entlang der Handelswege seine Verbreitung findet.

Im ausgehenden 15. Jahrhundert ist Görlitz auf dem Höhepunkt seiner wirtschaftlichen Entwicklung. Mit gut 10.000 Einwohnern ist sie zur größten Stadt zwischen Erfurt und Breslau emporgewachsen. Der Handel mit Färberwaid, dem Gold des Mittelalters, hatte sie in den vergangenen Jahrzehnten überaus reich gemacht. Schrittweise verdrängte der Indigo-Farbstoff das Waid, und die Kaufleute gaben dem Handel mit Tuchen nunmehr den Vorzug. Damit einher ging eine Anpassung der über Jahrhunderte gewachsenen mittelalterlichen Gebäudestrukturen. Dabei war insbesondere zu berücksichtigen, dass der Tuchausschnitt nicht wie in anderen Städten im Gewandhaus, sondern in jedem der Handelshäuser selbst stattfand.

Neben den funktionalen Anforderungen ließ auch das bürgerliche Selbstbewusstsein die Handelsherren neue repräsentative Ideen in ihre Hausanlagen einfließen. Da spielte eine offen gestaltete breite Treppe eine wichtige Rolle. Doch damit nicht genug. Der zentrale Raum des Hauses wurde nun mit einem prächtigen Gewölbe überzogen, ganz so, wie es in sakralen Bauten schon seit Jahrhunderten praktiziert wurde. Von der Straße aus gelangte man in die weiträumige Erdgeschosshalle. Sie diente als Durchfahrt zu dem hofseitig gelegenen Wirtschaftstrakt, wurde aber tagsüber wohl für kleineren Warenverkauf genutzt und war am Abend Stätte des Bierausschanks. Die Hausbesitzer nutzten für die Lagerung des Gerstensaftes die ausgedehnten und kühlen Kelleranlagen. Eine breite repräsentative Treppe führte in das erste Halbgeschoss. Der zentrale Raum ist eine überwölbte turmartige Halle, die durch mehrere Geschosse des Hauses emporführt. Mit diesem Raum erhält die bürgerliche Hausanlage ihren ganz eigenen Charakter. Eine weitere Treppe führt zu den straßenseitigen Räumen und zu den die Halle umziehenden Emporen. Trotz solch überaus repräsentativer Raumgestaltung ist auch der Aspekt der Wirtschaftlichkeit berücksichtigt. Die Halle wird in der Regel durch ein einziges Fenster in der Hoffassade belichtet, was nur durch eine Staffelung des Baukörpers möglich wurde. Diese Staffelung belegt auch die besondere Funktion der Zentralhalle innerhalb des Gebäudes, vermittelt sie doch zwischen der bestehenden halbgeschossigen Höhendifferenz des vorderen und hinteren Gebäudeteils. Die eigentliche Funktion der Zentralhalle dürfte wohl dem Tuchverkauf mit der Möglichkeit einer angemessenen Präsentation gedient haben. Im hofseitigen Teil des Hauses befand sich eine große

Die Hallenhäuser am Görlitzer Untermarkt. Rechts der Schönhof, ältestes datiertes Renaissancebürgerhaus Deutschlands.

saalartige Stube, die wohl als Wohnraum genutzt wurde. Oft war sie mit einer reich bemalten Balkendecke ausgestattet, wie sie in einigen Häusern heute noch erhalten ist. Ein Geschoss darüber dürfte sich das Kontor des Handelsherrn befunden haben, von dem aus alle wichtigen Räume des Hauses überblickt werden konnten.

Auch die künstlerische Ausstattung der Häuser war auf einem hohen Niveau. So hat sich im Haus Untermarkt 5 eine prächtig ausgemalte Hauskapelle erhalten. Das erst 1570 errichtete Hallenhaus für den Weimarer Waidhändler Hans Heinze ist vor allem durch seinen reichen Fassadenschmuck als Biblisches Haus bekannt geworden. Die in hoher künstlerischer Qualität gearbeiteten Brüstungsfelder zeigen Szenen des Alten und des Neuen Testaments.

Der so entstandene Typ des Görlitzer Hallenhauses fand dann über die Handelswege seine Verbreitung insbesondere nach Süden und nach Osten. Mit diesem Konzept erreichten die Görlitzer Kaufleute eine repräsentative Ausprägung des Handelsplatzes in ihren privaten Häusern. Es ist ein faszinierendes Raumerlebnis mit Licht und kunstvoller Ausgestaltung, das noch heute beeindruckt.

7 Ein Meisterwerk der frühen Neuzeit
Die alte Wasserkunst zu Bautzen

Bautzen hat zweifellos eine bemerkenswerte Topographie, aber damit waren im Mittelalter auch Probleme verknüpft. Mit einer genialen ingenieurtechnischen Leistung verstand es Wenzel Röhrscheidt, das Wasser der Spree gut 40 Meter auf das Plateau der Stadt zu pumpen.

Das Erlebnis einer mittelalterlichen Stadt als geschlossenes Architekturdenkmal gibt es nur noch selten. Die Industrialisierung des 19. und 20. Jahrhunderts hat Landschaften verändert und den Städten ihren Zauber genommen. Nicht zuletzt sind es aber auch die Zerstörungen des Zweiten Weltkrieges und der danach erfolgte Wiederaufbau, der viele Städte ein Stück kultureller Identität gekostet hat. Bautzen besitzt noch zum Teil eine der seltenen mittelalterlich geprägten Ansichten. Von der Friedensbrücke aus genießt man einen prächtigen Blick über die Wehranlagen, die hoch über der Spree aufragen. Mit der Wasserkunst und der Michaeliskirche, der Mühlbastei und dem Mühltor und schließlich mit der Ortenburg hat sich hier eine Stadtsilhouette erhalten, die ein Zeugnis des bürgerlichen Selbstverständnisses zum ausgehenden Mittelalter ist. Die Spree hat sich tief unter dem Stadtplateau eingegraben. Der Fernhändler mit seinem Wagenzug musste in das Tal hinabsteigen, um nach der Flussüberquerung den mühsamen Weg hinauf zu nehmen und das Stadttor zu passieren. So wehrhaft die Stadt damit auch schien, ein anderes Problem musste sie lösen – die Wasserversorgung.

In vielen Städten war die Wasserversorgung eines der vordringlichsten Probleme. Entweder konnte diese aus nahen Bächen mit einem natürlichen Gefälle gesichert werden oder musste über tiefe Brunnen geschöpft und bereitgestellt werden. Bautzen war am Ende des Mittelalters mit über 5.000 Einwohnern eine große Stadt. 86 Brunnen standen im Stadtgebiet zur Wasserversorgung zur Verfügung. Die topographische Lage der Stadt war jedoch dafür schwierig. So entschloss man sich 1496, eine erste Wasserkunst zu errichten. Es war ein hölzerner Turm, der von einem Mönch betreut wurde. Schon wenige Jahre später, im Winter des Jahres 1515, brannte das Bauwerk nieder. Offenbar hatte sich die Anlage bewährt. Im Jahre 1558 schuf der Ratsbaumeister Wenzel Röhrscheidt der Ältere einen steinernen Turm, der als 47 Meter hoher Wehrturm in die Stadtbefestigung eingefügt wurde. Es ist ein siebengeschossiger Rundturm, der auf einem mächtigen quaderförmigen Unterbau aufsitzt. Das obere Geschoss des Unterbaus ist mit einem auf Konsolen ruhenden Wehrgang dreiseitig bis an die Stadtmauer geführt worden. Hier wird einmal mehr die Bedeutung der Verteidigung des Spreeübergangs an dieser Stelle deutlich. Im Inneren des schlanken Turmbaus ist das Schöpfwerk zu finden, das über Kolbenpumpen das Spreewasser in einen Kupferkessel in der Turmspitze transportierte. Angetrieben wurde die Wasserkunst über ein Wasserrad in der angestauten Spree. Der Kessel lag etwa

Grundriss und Schnitt der alten Wasserkunst.

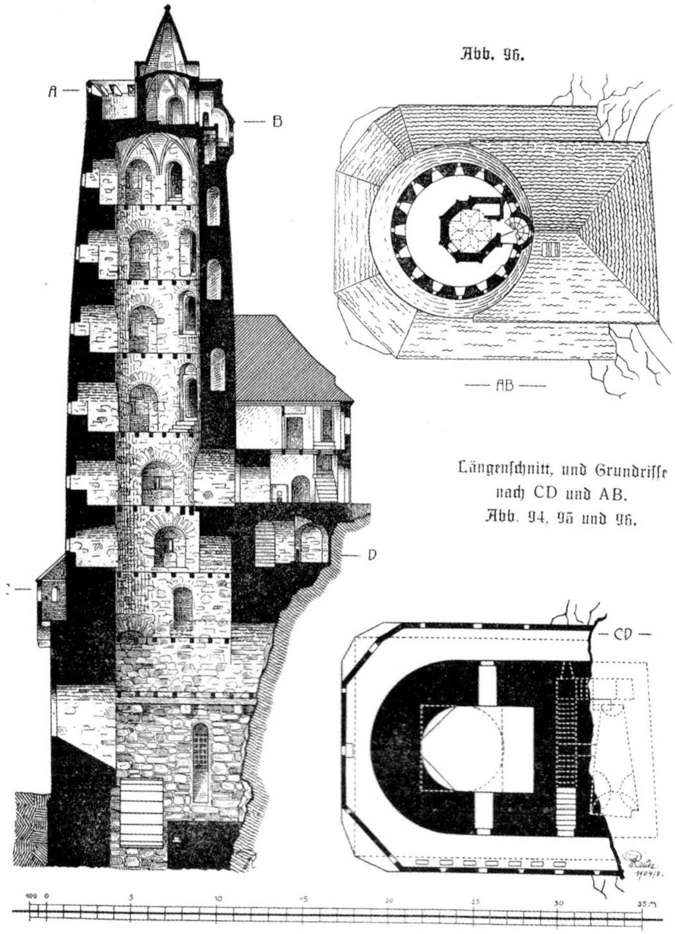

fünf Meter über dem höchsten Punkt der alten Stadt am Fleischmarkt und konnte so über hölzerne Leitungen die Versorgung sichern. Zunächst wurde die Versorgung mit Spreewasser, später mit Grundwasser vorgenommen. Der Wassermeister hatte in dem an der Stadtseite unmittelbar am Turm angefügten Haus seine Wohnung.

Dennoch war die Versorgung mit Trinkwasser nicht ausreichend gesichert. Bereits 1597 wurde ein zweites Schöpfwerk eingebaut, und im Jahre 1606 wurde die neue Wasserkunst weiter südlich an der Spree errichtet. Damit nicht genug. 1877 wurde inmitten der Ruine des alten Franziskanerklosters ein mächtiger Wasserturm errichtet. Dieser Turm ist ein Hochbehälter, der durch die Pumpen der alten Wasserkunst versorgt wurde.

1965 wurde die Wasserkunst stillgelegt und als technisches Museum für die Öffentlichkeit geöffnet.

Die alte Bautzener Wasserkunst ist eine ingenieurtechnische Meisterleistung der frühen Neuzeit und als Wehrbau mit der Einbindung in die mittelalterliche Stadtbefestigung von Bautzen ein besonders schönes Beispiel eines frühneuzeitlichen Zweckbaus.

8 Ältestes Simultaneum Deutschlands
Der Dom zu Bautzen

St. Petri zu Bautzen ist seit dem 13. Jahrhundert eine Kollegiatsstiftskirche. Mit dem Einzug der Reformation in Bautzen begann auch das Ringen um die Nutzung des Kirchenraumes, an dessen Ende die Simultankirche entstand.

Der Dom St. Petri beherrscht mit seiner Baumasse und dem 83 Meter hohen Turm die Silhouette von Bautzen. Bereits um 1000 soll hier die erste Pfarrkirche gestanden haben. Nachdem unter Bischof Bruno II. von Meißen in Bautzen 1218/19 ein Kollegiatsstift errichtet worden war, musste nun auch der Kirchenbau dieser Neuerung Rechnung tragen. So wurde am 24. Juni 1221 der Chor der neuen Kirche geweiht. 1401 und 1429 wurde die Kirche durch Brand beschädigt. Dies war nun Anlass für zahlreiche Baumaßnahmen, die sich weit in das 15. Jahrhundert hineinzogen. Schließlich erhielt die Kirche 1456/63 noch ein südlich gelegenes viertes Schiff.

Schon sechs Jahre, nachdem Martin Luther seine Thesen an die Schlosskirche zu Wittenberg geschlagen hatte, hielt die Reformation in Bautzen Einzug. Die Oberlausitzer Städte und die Standesherrschaften traten zum evangelischen Glauben über. Das Bautzener Domstift und die klösterlichen Grundherrschaften blieben weiterhin dem katholischen Glauben verbunden. Zunächst herrschte eine große Unsicherheit darüber, welche Entwicklung diese Auseinandersetzung nehmen würde. An eine Kirchenspaltung war zunächst nicht zu denken. Anders als in den anderen Oberlausitzer Städten offenbarte sich hier aber ein besonderer Konflikt. Während die Bürgerschaft mehrheitlich dem evangelischen Glauben zugetan war, blieb die Kirche St. Petri im Besitz der katholischen Kirche. Um die Spannungen zu lindern, stellte das Kollegiatsstift zur Betreuung der Protestanten in den Jahren 1524/25 zwei Vikare an. Der Dekan Paul Küchler schlug 1530 den Protestanten vor, die Kirche fortan gemeinsam, aber zu unterschiedlichen Zeiten zu nutzen. Das war die Geburtsstunde der Simultankirche. In juristischen Verträgen wurde 1553 und 1583 die räumliche und zeitliche Trennung der Kirchennutzung geregelt. Der Chor blieb den katholischen Gläubigen vorbehalten, das Langhaus war für den evangelischen Gottesdienst bestimmt. Das einstige Lettnergitter wurde so zur räumlichen Trenn- und Verbindungslinie beider Konfessionen, und dies besteht bis zum heutigen Tage fort.

Eine bedeutsame Rolle spielte bei alledem noch der römisch-katholische Geistliche Johann Leisentrit. Er war Dekan des Kollegiatsstifts Bautzen und durch den Bischof zum kirchlichen Generalkommissar der Ober- und Niederlausitz ernannt worden. Leisentrit war damit für die Gläubigen beider Konfessionen zuständig. Seine kluge Politik sicherte den Zisterzienserrinnenklöstern St. Marienthal und St. Marienstern sowie den Magdalenerinnen in Lauban ihren Fortbestand. Auch die wenigen noch verbliebenen

Der Dom zu Bautzen.

katholischen Pfarreien konnten stabilisiert werden. Und die Protestanten tolerierten den katholischen Geistlichen wegen seines ausgleichenden Wesens und seiner humanistischen Bildung.

Tatsächlich waren aber die Umstände noch viel schwieriger. Seit 1399 unterstand das Kollegiatsstift direkt dem Heiligen Stuhl. Es war so keinem Bischof untergeordnet und auch in keiner Kirchenprovinz eingegliedert. Mit der Wiedererrichtung des Bistums Meißen im Jahre 1921 wurde der katholische Teil des Domes zur Kathedrale erhoben. Es dürfte wohl keine Kathedrale zu finden sein, in der auch protestantische Gottesdienste gefeiert werden.

Deutschland zählt 60 Simultankirchen. Der Bautzener Dom St. Petri ist die früheste und auch die größte Simultankirche – gleichzeitig eine katholische Kathedrale, seit 1980 Konkathedrale des Bistums Dresden-Meißen.

9 Aus dem Dornröschenschlaf erwacht
Das Herrenhaus Ober-Neundorf

Das nördlich von Görlitz liegende Rittergut Ober-Neundorf war bislang wenig beachtet worden. Die Sgraffitofassaden des Herrenhauses sind ein besonders kostbarer Schatz, der in den letzten Jahren vor dem weiteren Verfall gerettet werden konnte.

Die Oberlausitz ist übersät von einer Vielzahl von Schlössern und Herrenhäusern. Fast jeder Ort kann auf eine solche Anlage verweisen. Nur im Eigenschen Kreis, zwischen Görlitz und Zittau gelegen, sucht man vergeblich nach einem Herrenhaus. Hier ist das Kloster St. Marienstern der Patronatsherr.

Zu den bedeutenden Schlössern der Oberlausitz gehören das Barockschloss Rammenau oder die mächtige Anlage des palladianisch geprägten Schlosses Gaußig. Vielerorts gibt es aber auch kleinere Anlagen, die sich über Jahrhunderte hinweg von befestigten Anlagen oder Wohntürmen zu repräsentativen Adelssitzen entwickelt haben. Eine besonders reizvolle Anlage blieb in Ober-Neundorf, nördlich von Görlitz, erhalten. Unweit der Neiße, noch in der Flussaue gelegen, ist ein Ensemble mit Herrenhaus, Inspektorenhaus, Wirtschaftsgebäuden und einem kleinen Landschaftspark auf uns gekommen.

Die Anlage in Ober-Neundorf soll auf das 14. Jahrhundert zurückgehen. Die heutige Gestalt hat das Gebäude im 16. Jahrhundert erhalten. Bemerkenswert ist die Fassadengestaltung, die sich als Sgraffito vor allem an der Hauptfront gut erhalten hat. Die seit dem 16. Jahrhundert bekannte Kratzputztechnik hatte sich von Italien her über den deutschsprachigen Raum ausgebreitet. Eine Rolle spielte dabei zweifellos der ungarische König Matthias Corvinus, dessen Renaissanceresidenz in Ofen (Buda) die italienischen Künstler anzog. Corvinus war von 1469 bis 1490 Herr über die Oberlausitz und sorgte für die Verbreitung der aktuellen Kunst, die schließlich in Bautzen und Görlitz, aber auch im schlesischen Raum aufgegriffen wurde. So deutet vieles darauf hin, dass in einer ersten Bauphase Dekorationen in der ersten Hälfte des 16. Jahrhunderts entstanden sind. Nach Umbauten um 1600 ist wohl jene Dekoration entstanden, die sehr reich, mit einer Vielzahl an szenischen Darstellungen in einer guten zeichnerischen Qualität heute noch sichtbar ist. Neben einer Diamantquaderung, die große Flächen des Hauses besetzt, haben sich an der Ostseite Reste von Medaillons mit figürlichen Darstellungen erhalten. In einer Untersuchung konnte der Bauforscher Matthias Zahn als Vorlagen für diese Darstellungen Arbeiten des schweizerisch-deutschen Zeichners Jost Amman nachweisen.

Insbesondere mit der Ostfassade wird das Herrenhaus in Ober-Neundorf zu einem einzigartigen Denkmal in Deutschland. Eine so große figürliche Sgraffito-Dekoration aus der Renaissancezeit hat sich an kaum einem anderen Bau erhalten.

Die Ostfassade des Herrenhauses nach der Sicherung und Reinigung der Putzschichten.

Das Rittergut sieht auf eine wechselvolle Geschichte zurück. In den vergangenen Jahrhunderten wechselten häufig die Besitzer, die ihrerseits immer wieder Umbauten ausführen ließen. Im Jahr 1945 wurde das Gut enteignet und als Wohnung für Umsiedler zur Verfügung gestellt. Später war es Kindergarten, bis es wegen mangelnder Baupflege nicht mehr benutzt werden konnte. Auch ein neuer Besitzer in den neunziger Jahren versäumte wichtige Erhaltungsmaßnahmen, und erst mit dem Jahr 2014 und einem neuen Eigentümer konnten wesentliche Rettungsmaßnahmen auf den Weg gebracht werden. Seit jenen Jahren wird intensiv an der Sicherung, Festigung und Reinigung des Sgraffitos gearbeitet. Im Inneren wurde das Haus von störenden Einbauten befreit und architektonische Details wurden sorgsam freigelegt. Der Teil der Wirtschaftsgebäude des Rittergutes, die sich in den Händen des neuen Eigentümers befinden, wurden in die Sanierungsmaßnahme einbezogen.

Mit den Arbeiten der letzten Jahre wurden Teile des Rittergutes revitalisiert. Die Arbeiten am Herrenhaus stellen einen wichtigen Beitrag der Sicherung eines Kulturdenkmals von nationalem Rang dar.

10 Der Rabe auf dem Thron
Matthias Corvinus

Der König von Ungarn und Böhmen Matthias Corvinus herrschte von 1469 bis 1490 über die Oberlausitz. Mit ihm fand die Renaissance ihren Weg nördlich der Alpen und schließlich auch in die Oberlausitz.

Im Spätmittelalter stieg Böhmen unter den Luxemburgern zu einer der führenden Regionen Europas auf. Der König von Böhmen, der spätere Kaiser Karl IV., war einer der einflussreichsten europäischen Herrscher seiner Zeit. Nachdem die Luxemburger Linie erloschen war, nahmen die Auseinandersetzungen um die Krone Böhmens zu. Dabei standen sich der hussitisch geprägte Adel Böhmens und die katholischen Stände gegenüber. In diesem Umfeld gewann das Geschlecht der Hunyadi zunehmend an Bedeutung. Johann Hunyadi strebte zum mächtigsten ungarischen Heerführer auf und verteidigte erfolgreich die Reichsgrenzen gegen die osmanische Bedrohung. Sein Sohn Matthias führte das Erbe fort und stieg zu einem glänzenden Renaissancefürsten auf, der nicht nur die Finanzen, das Heer, Justiz und Verwaltung seines Landes reformierte, sondern auch nach der Erweiterung seiner Macht strebte und nach dem Königreich Böhmen griff. Seinen Anspruch auf die böhmische Krone behauptete Corvinus gegenüber den Jagiellonen, und so wählten ihn 1469 die katholischen Stände zum böhmischen König.

Der Name Corvinus leitet sich von lat. corvus, „der Rabe" ab. Das Familienwappen seines Geschlechts Hunyadi zeigt einen Raben, ein ungewöhnliches Wappentier, das aber tief in der Familiengeschichte verankert ist. Matthias wurde 1443 im siebenbürgischen Klausenburg geboren. 1458 wurde er mit nur 14 Jahren zum König von Ungarn gewählt. 1463 heiratete er die elfjährige Katharina, Tochter des böhmischen Gegenkönigs Georg von Podiebrad. Katharina starb drei Jahre später infolge einer Totgeburt. Ein politischer Glücksfall. 1476 konnte Matthias so mit Beatrix von Aragón, einer Tochter des neapolitanischen Königs Ferdinand I., eine neue Verbindung eingehen. Beatrix spielte für die Verbreitung der frühen Renaissancekultur nördlich der Alpen eine hervorragende Rolle. Sie war außergewöhnlich gut gebildet. Unter ihr stieg Ungarn zu einem Zentrum der Renaissance auf. Erstmals entstand nördlich der Alpen an der Burg Visegrad ein Renaissancepalast. Dieser wurde zum Mittelpunkt des höfischen Lebens, das von Humanisten und Gelehrten maßgeblich beeinflusst wurde. Die dort untergebrachte Bibliotheca Corviniana wurde eine der bedeutendsten Bibliotheken dieser Zeit.

Dies strahlte auch auf Böhmen aus. Die Oberlausitz erlebte in jenen Jahren nicht nur eine wirtschaftliche Blüte, sondern kam mit den Ideen der italienischen Renaissance in Berührung. Als 1525 in Görlitz ein Stadtbrand 180 Häuser vernichtete, leitete der Stadtwerkmeister Wendel Roskopf d. Ä. den Wiederaufbau ein und trug die Ideen in diesen Prozess hinein.

Sitzbildnis des Matthias Corvinus am Schlossturm der Bautzener Ortenburg.

Mit dem Tod von Matthias Corvinus im Jahre 1490 endete diese glanzvolle Entwicklung der ungarischen Nation. Im Jahre 1526 schlug Süleyman I. mit seiner osmanischen Streitmacht in der Schlacht bei Mohács das ungarische Heer vernichtend. Große Teile Ungarns und seiner Kultur gingen restlos verloren. Nur Oberungarn, wie z.B. die Zips, blieb verschont.

Die Oberlausitz hat wohl die einzigen originalen Denkmale aus der Glanzzeit der Regierung von Matthias Corvinus. Briccius Gauske schuf 1488 das Corvinische Wappen für die Turmwand des Görlitzer Rathauses und 1486 das Sitzbildnis des Königs für den Schlossturm der Bautzener Ortenburg. Bautzen verbindet mit Matthias Corvinus viel. Es wird vermutet, dass der Corvine die Stadt als ungarisches Machtzentrum ausbauen wollte, dafür im Jahre 1483 die Reste der alten Ortenburg niederreißen ließ und einen Neubau anstrengte. Dieses Sitzbildnis findet sich auch in Buda. Es ist allerdings bezeichnenderweise nur eine Kopie des Bautzener Originals. Die Osmanen hatten die Zeugnisse der ungarischen Blütezeit vollständig ausgelöscht.

11 Inmitten des protestantischen Landes
Die Klöster der Zisterzienserinnen

Das älteste, ununterbrochen bestehende Kloster des Zisterzienserordens in Deutschland steht in St. Marienthal bei Ostritz. Es ist ein großartiges Ensemble im Stile des böhmischen Hochbarocks. Das etwas jüngere Kloster St. Marienstern in der Nähe von Kamenz war eines der wichtigsten Frauenklöster mit einer großen religiösen Bedeutung.

Das Jahr 1234 wird als Stiftungsjahr für das Kloster St. Marienthal angesehen. Ob nun Kunigunde, Königin von Böhmen, die Stiftung veranlasste, ist nicht eindeutig nachweisbar. Die Zisterzienserinnen ließen sich am Ausgang des Neißetales an einer Flussbiegung nieder und errichteten dort ihre ersten Baulichkeiten. Die Hussitenkriege und der Dreißigjährige Krieg schrieben eine wechselvolle Geschichte für das Kloster. Die mittelalterliche Bausubstanz ging bei einem Brand im Jahr 1683 unter. Unmittelbar darauf begann man mit den Aufbauarbeiten. Die Abtei erhielt nun im Stil des böhmischen Hochbarocks ein prächtiges Aussehen, das mit seinem Ehrenhof an ein Schloss erinnert. Die Bauleute, Bildhauer, Stuckateure und Maler wurden zumeist aus Böhmen herbeigeholt. Im Jahre 1756 konnten die Arbeiten abgeschlossen werden.

Im 19. Jahrhundert erhielt die Klosterkirche, die nach dem Brand als erste wiederhergestellt worden war, eine neue Ausstattung. Beteiligt daran waren unter anderem der Breslauer Architekt Alexis Langer und die Maler Schall und Hamacher. Sie schufen die Wandbilder mit spätnazarenischer Prägung und setzten so der Heiterkeit der barocken Klosteranlage einen Kontrast entgegen. Auch die Wirtschaftsgebäude bis hin zum Beamtenwohnhaus haben sich baulich der Klosterarchitektur untergeordnet, sodass ein geschlossenes Gesamtensemble entstand.

Bis 1989 betrieb das Kloster alleinig eine umfangreiche Land- und Forstwirtschaft mit Bäckerei und Brauerei. Auch Menschen mit Behinderungen wurden von den Schwestern betreut. Den neuen Herausforderungen Rechnung tragend, wurden die Wirtschaftsgebäude in eine gemeinnützige Gesellschaft, das Begegnungszentrum St. Marienthal überführt. Das gesamte Ensemble wurde durchgreifend instandgesetzt. Neben der Sanierung des Klosters erfuhren alle Wirtschaftsgebäude einen Umbau für zukünftige Beherbergung und Tagungen und sind heute im grenzüberschreitenden Veranstaltungs- und Hotelbetrieb sowie als Ort der Fortbildung besonders zu Themen des Umweltschutzes und der grenzüberschreitenden Zusammenarbeit ein bedeutender Anziehungspunkt der östlichen Oberlausitz.

Die zweite Zisterzienserinnenabtei ist das Kloster St. Marienstern nahe Kamenz. Es hat in seiner Geschichte eine größere religiöse Bedeutung als St. Marienthal erlangt. 1248 wurde das Kloster von den Herren von Kamenz gestiftet. Der Stifter, Bernhard von Kamenz, war Domherr zu Meißen und später auch Bischof zu

Das Zisterzienserinnenkloster St. Marienstern in Panschwitz-Kuckau.

Meißen. Er besaß großen Einfluss auf das böhmische Königshaus und hatte ausgezeichnete Verbindungen in die schlesischen Lande. Damit hatte er auch Zugang zu den aktuellen Kunstentwicklungen. Das Kloster St. Marienstern profitierte von diesem Wissen. So stieg unter seiner Führung St. Marienstern zu einem der bedeutendsten Frauenklöster Mitteleuropas auf. Die Abtei besaß erheblichen Grundbesitz, so unter anderem den sogenannten Eigenschen Kreis in der südöstlichen Oberlausitz mit Bernstadt und einer Anzahl von Dörfern.

Schon im Mittelalter war St. Marienstern ein gesuchter Pilgerort, besaß die Abtei doch kostbare Reliquien. Diese konnte man trotz mancher kriegerischen Bedrohung bis in die Gegenwart retten. St. Marienstern wurde 1998 zu großen Teilen in der Sächsischen Landesausstellung „Zeit und Ewigkeit" der Öffentlichkeit präsentiert. Im Gegensatz dazu hatte die Zisterzienserinnenabtei St. Marienthal bereits in den Hussitenkriegen ihre Schätze eingebüßt. Auch im Kloster St. Marienstern haben Brände und Verwüstungen der Bausubstanz zugesetzt. Anfang des 18. Jahrhunderts erfolgten barocke Umbauten. Erhalten blieb aber die hochgotische Architektur der dreischiffigen Hallenkirche. Wie auch St. Marienthal ist die Abtei noch immer in Betrieb und damit auch religiöses Zentrum inmitten des sorbischen Kerngebietes.

12 Von Vogelhochzeiten und Osterreiten
Die Sorben

Inmitten der Oberlausitz lebt ein kleines slawisches Volk. Seit über 1.400 Jahren siedelt es im Gebiet zwischen Bautzen, Kamenz und Hoyerswerda. Als nationale Minderheit pflegen die Sorben ihre Sprache und Bräuche und sind ein prägender Bestandteil der Oberlausitzer Kulturlandschaft.

Wer heute in der Oberlausitz unterwegs ist, wird vor allem im Landkreis Bautzen zweisprachige Ortseingangsschilder und allerlei andere Hinweise auf eine slawische Volksgruppe finden. Es sind die Sorben, Nachfahren von westslawischen Stämmen, die sich im 6. Jahrhundert im Gebiet der Ober- und Niederlausitz niederließen. Diese Siedlungsgebiete blieben auch nach dem Zuzug deutscher Siedler im 12. und 13. Jahrhundert erhalten. Deutsche Dörfer entstanden in unmittelbarer Nachbarschaft der sorbischen Siedlungen. Zuweilen sind sie anhand der Namen und ihrer Siedlungsformen gut zuzuordnen. Eine Konzentration sorbischer Siedlungen ist im Raum Hoyerswerda mit Spremberg und Weißwasser sowie im Raum Bautzen mit dem Zisterzienserinnenkloster St. Marienstern festzustellen. Das weithin friedliche Nebeneinander durch Jahrhunderte hindurch brachte den Sorben unter dem von der Mehrheitsgesellschaft ausgehenden Anpassungsdruck freilich auch Verluste auf dem Gebiet der Sprachausübung und der kulturellen Identität. Heute leben noch ca. 60.000 Sorben in der Ober- und der Niederlausitz, gut zwei Drittel davon sind in der Oberlausitz beheimatet.

Bautzen ist das politische und geistig kulturelle Zentrum der Sorben. Hier hat die Domowina, die 1912 gegründete Interessenvertretung der Sorben, ihren Sitz. Auf der Ortenburg gibt es Ausstellungen zu Kultur und Geschichte des sorbischen Volkes, wissenschaftlich begleitet vom 1951 gegründeten sorbischen Institut. Unweit der Ortenburg hat das Sorbische Nationalensemble, ein Tanz- und Musiktheater, seinen Platz.

Als sorbisches Kernland wird heute meist jenes Gebiet gesehen, in dem die sorbische Sprache bis heute Alltagssprache und fest in der Bevölkerung verankert ist. Das sind in der Oberlausitz das vorwiegend katholische Dreieck zwischen den Städten Bautzen, Kamenz und Hoyerswerda, im engeren Sinne die fünf Gemeinden am Klosterwasser sowie die Gemeinde Radibor. Auch Teile der Gemeinden Göda, Neschwitz, Puschwitz und die Stadt Wittichenau gehören dazu. In diesem Kernsiedlungsgebiet spricht über die Hälfte der Einwohner obersorbisch, das Ähnlichkeiten mit der tschechischen Sprache aufweist. Hier herrscht die Zweisprachigkeit vor. Abgesehen von den bilingualen Verwaltungen gibt es zweisprachige Kindergärten und Schulen. In Bautzen ist ein sorbisches Gymnasium für die gehobene Schulbildung eingerichtet. Die Ausbildung der sorbischsprachigen Lehrer erfolgt im Institut für Sorabistik an der Leipziger Universität. Es ist die einzige Ausbildungsstätte in diesem Sprachzweig.

Ralbitzer Osterreiter in Wittichenau mit Willkommenssegen.

Einen festen Bestandteil des sorbischen Alltags bilden das Brauchtum und die Volkskunst. Vieles hat sich gerade durch die Verankerung des Brauchtums in dem durch Generationen hindurch als prägend erfahrenen katholischen oder evangelischen Glauben erhalten. Die Vogelhochzeit ist ein beliebter Brauch unter den Kindern. Am Morgen des 25. Januar wird ein Teller mit symbolischen Geschenken der Vögel an das Fenster gestellt, die sich für das ausgestreute Futter im Winter bedanken. Andere Bräuche sind das Zampern, Maibaumstellen und die Heischgänge. Auch mythologische Vorstellungen sind heute noch lebendig. Im Gebiet der katholischen Sorben tragen vor allem ältere Frauen noch die traditionelle Alltagstracht. Kirchliche Feiertage und kulturelle Erlebnisse werden in den sorbischen Bevölkerungsgruppen gefeiert. Dazu werden die alten, dem jeweiligen Fest zugeordneten Trachten angelegt. Ganz besonders wird Ostern als der höchste kirchliche Feiertag begangen. Fünf Wochen vor Ostern haben alljährlich die Feierlichkeiten mit dem Sorbischen Ostereiermarkt ihren Auftakt. Die kunstvoll verzierten, farbenprächtigen Ostereier sind eine besondere Attraktion. Zu Ostern selbst steht das Osterreiten im Mittelpunkt. Es ist ein alter Brauch, bei dem mit einem festlich geschmückten Reiterzug der Nachbargemeinde die Auferstehung von Jesus Christus verkündigt wird. Jedes Jahr beobachten Schaulustige die Festzüge mit den Männern im Gehrock und Zylinder auf ihren reich geschmückten Pferden und allen voran die Reiter als Fahnenträger, Christusträger und Kreuzträger.

13 Ein merkwürdiger Fachwerkbau
Das Umgebindehaus

Das Umgebindehaus ist ein eigentümlicher Haustyp, der in solch landschaftsprägender Dichte nur dies- und jenseits der Kammlagen des Lausitzer Gebirges zu finden ist. Es ist einmalig in der Welt und in seiner Gestalt mit nichts anderem vergleichbar.

Seit der Völkerwanderung ist das Gebiet beiderseits der Kammlagen des Lausitzer Gebirges durch die slawische Bevölkerung besiedelt. Im Zuge des hochmittelalterlichen Landesausbaus kamen in das Gebiet Siedler aus Franken, Thüringen und Sachsen. Diese Ostbesiedlung führte u.a. zu einer Binnenkolonisation und Verdichtung der Besiedlung.

Der Blockbau ist die erste grundlegende Konstruktionsform im Hausbau. Seine Entstehungsgeschichte geht bis in die Jungsteinzeit zurück und zählt so zu den ältesten Bauformen überhaupt. Für die Verbreitung des Blockbaus von Skandinavien über Osteuropa bis in die Alpen sorgten im Frühmittelalter insbesondere die Westslawen. Der Bau bot viele Vorteile bei den klimatischen Bedingungen im nördlichen Mitteleuropa und war so auch in der Lausitz bei der slawischen Bevölkerung zu finden. Die deutschen Siedler hingegen führten den Fachwerkbau in das Gebiet ein. Er zeigt vor allem fränkische, aber auch alemannische Einflüsse. Der fränkische Fachwerkbau ist geprägt durch den Ständer-Geschoss-Bau. Dabei herrschte zunächst das konstruktive Gerüst mit Langständern und Kopfbändern vor, das später durch die Kombination mit dem Rähm- oder Stockwerksbau verschleiert bzw. abgelöst wurde. Fachwerkbauten besaßen den Vorteil, dass sie schnell und holzsparend errichtet werden konnten.

Die Verschmelzung beider Bauformen war nun ein Ergebnis der Binnenkolonisation des 11. und 12. Jahrhunderts in der Oberlausitz. Dabei wurde das Blockhaus, jetzt die Blockstube, als völlig eigenständiger Baukörper in das Fachwerkhaus integriert. Der Oberstock und das Dach wurden mit einer Ständerkonstruktion umzogen. Das sogenannte Umgebinde ermöglichte die Überbauung der Blockstube, ohne die Blockstubenwände zu berühren. Die ältesten Belege für diese Bauform gehen in das 16. Jahrhundert zurück, es gilt jedoch als sicher, dass die Entstehung der Bauten eng mit der Besiedlungsgeschichte dieses Gebietes verbunden ist. Die Region war bis in die frühe Neuzeit in einer politischen Hand – die Oberlausitz war bis 1635 ein Nebenland der böhmischen Krone, und Schlesien stand bis 1741 unter böhmischer Hoheit.

Diese einmalige Synthese von zwei Bauweisen ist beidseits der Kammlage des Lausitzer Gebirges beheimatet. Mit ca. 20.000 Bauten prägt das Umgebindehaus die Dorflandschaft dieser Region nachhaltig. Auf deutscher Seite sind es ca. 6.000 Gebäude in unterschiedlichster Bauform. Herausragend ist dabei die Ortschaft Obercunnersdorf mit einem fast vollständig erhaltenen Umgebinde-Dorf-

Ebersbach. Faktorenhaus um 1770 mit Arkadenscheune.

kern. Vereinzelt sind diese Bauten auch in Thüringen und dem südlichen Schlesien zu finden, jedoch nirgendwo ist der Haustyp in dieser Dichte vorhanden.

Die tradierte Struktur und Funktion des Gebäudes ist ein einmaliger Beleg für die Kultur und Lebensweise der Bevölkerung einer ganzen Region. So sind Ausgedingehäuser, Gärtnerhäuser, Weberhäuser, große Bauern- und Faktorenwirtschaften erhalten. Vielerorts sind auch die ursprünglichen dörflichen Strukturen ablesbar.

Die Umgebindehäuser sind grundsätzlich quererschlossen. An der einen Giebelseite liegt die traditionell als Wohn- und Arbeitsbereich genutzte Block- oder Bohlstube. Diese war der einzig beheizbare Raum, die Feuerstelle dafür befand sich im unmittelbar angrenzenden Flur. Auf der anderen Seite haben meist die in Massivbauweise errichteten Stallungen oder Lager ihren Platz. Das Baumaterial für die Umgebindehäuser kommt aus der unmittelbaren Umgebung. Das enge Verbreitungsgebiet des Umgebindehauses und die außerordentliche Prägung einer ganzen Landschaft sind einzigartig. Die Verbindung von beiden Konstruktionsformen entstand durch die Berührung zweier Kulturen im mittelalterlichen Europa. Die Bewahrung dieser Tradition bis in die heutigen Tage ist ein Erbe von europäischer Dimension.

14 Die Rettung der Blockhäuser
Das Schrotholzhaus

Die typischen Wohnhäuser der Sorben sind nur noch selten im Norden der Oberlausitz zu finden. Die durch den Braunkohletagebau gefährdeten denkmalgeschützten Schrotholzhäuser sind in den letzten Jahrzehnten in einem „Heidedorf" gerettet worden.

Im Norden der Oberlausitz ist bis hinein ins brandenburgische Land mancherorts noch ein volkstümlicher Haustyp zu finden, der wie ein Blockhaus erscheint. Noch vor 200 Jahren hat man in dem Gebiet der nördlichen Oberlausitz und der Niederlausitz wegen der Rohstofflage kaum ein Haus aus Stein gebaut. Die Menschen lebten in Holzhäusern, die aus geschroteten Kiefernstämmen errichtet wurden. Es war eine Weiterentwicklung der Blockhausbauweise, die ursprünglich in ganz Mitteleuropa verbreitet war. Noch heute ist eine ähnliche Bauweise im Osten Europas, u.a. für die russischen Bauernhäuser, gebräuchlich.

Die in der Lausitz ansässigen Sorben bauten ihre Häuser mit Schrotholz. Seit alters her wird als Baumaterial für die Häuser Kiefernholz ausgewählt und unter besonderen Bedingungen für den Hausbau vorbereitet. Vor der Fällung werden die Bäume spiralförmig von ihrer Rinde befreit und so zu einer vermehrten Harzbildung angeregt. Das Holz wird dadurch haltbarer gemacht. Nach dem Fällen werden die runden Stämme mit dem Breitbeil kantig geschlagen. Diese Tätigkeit wird auch als Schroten bezeichnet und ist heute eine kaum mehr bekannte Kunst, die von der Erfindung der Schrotsäge und später vom Sägewerk abgelöst wurde. Es war die einzige Möglichkeit, die Stämme in die für den Hausbau notwendige Form zu bringen. Die Stämme wurden zu glatten Wänden aufeinandergeschichtet. Ein entscheidender Vorteil dieser Häuser war sofort spürbar – es zog nicht durch die Ritzen. Einst waren die Satteldächer mit Stroh gedeckt. Die Häuser sind eingeschossig errichtet und bestehen oft aus einer Stube und einer Kammer sowie einem Wirtschaftsbereich mit Küche und Speicher. Zuweilen wurden die Wände nachträglich mit Lehm versehen, um die Holzbalken, die als Zeichen von Armut galten, zu verdecken.

Anfang des 19. Jahrhunderts war diese Bauweise in der nördlichen Oberlausitz und vor allem in der Niederlausitz vorherrschend. Mit der Industrialisierung, so u.a. der Entwicklung der Glasindustrie im Raum Weißwasser und insbesondere mit den erheblichen Eingriffen in die Landschaft durch den Braunkohleabbau, ist dieser Haustyp fast vollständig verschwunden. In den Dörfern sind nur noch vereinzelt Zeugnisse dieser ländlichen Baukunst zu finden. Mangelnde Baupflege, eine neue, aber unzweckmäßige Dachdeckung aus Betonziegeln und durch Feuchtigkeit zerstörte Hölzer setzen den Häusern zu, sie dienen heute, geschuldet ihrem schlechten Zustand, eher nur noch als Abstellfläche.

Der Braunkohletagebau hat zahlreiche Orte zur Aufgabe gezwungen. Mit den Devastierungen waren auch denkmalge-

Die Schrotholzhaussiedlung Erlichthof bei Ritschen.

schützte Schrotholzhäuser in Gefahr. So entstand am Ortsrand von Rietschen seit den neunziger Jahren des 20. Jahrhunderts eine Siedlung mit umgesetzten Häusern. Behutsam wurden die bis 300 Jahre alten Gebäude an ihren alten Standorten abgetragen und am Erlichtteich originalgetreu wieder zusammengesetzt. Die so entstandene Siedlung, der Erlichthof, vermittelt das Bild eines Lausitzer Heidedorfes, ist aber keines der üblichen Freilichtmuseen. Es ist eine lebendige Museumssiedlung. Die Holzhäuser sind bewohnt, dienen als Museum, als Schauwerkstätten und als Gastronomie. Auch Übernachtungen sind in der Siedlung möglich.

Ein schönes Beispiel für die Rettung eines Schrotholzhauses ist auch in Görlitz zu finden. Der Tierpark Görlitz zählt zu den schönsten seiner Art in Deutschland und widmet sich vorwiegend der heimischen Tierwelt. Auf Initiative des Rotary Clubs Görlitz konnte zu Beginn des 21. Jahrhunderts der Tierpark mit der Translozierung eines gefährdeten Schrotholzhauses um ein Stück ländlicher Kultur bereichert werden. Das Gebäude wird heute als Entdeckerscheune genutzt.

15 Mathematiker, Astronom, Chronist
Bartholomäus Scultetus

Scultetus war einer der wichtigsten Kartographen des mitteldeutschen Raums im 16. Jahrhundert. Mit seinen Karten zu Meißen 1568 und der Oberlausitz 1593 wurde er weithin bekannt.

Mattheus Bartholomäus Schulz wurde 1540 in Görlitz als Sohn von Martin Scholz und seiner Frau Ursula geboren. Er besuchte die städtische Lateinschule. Sein älterer Bruder Zacharias unterstützte und förderte ihn. Zacharias war ein heller Kopf, schuf er doch 1550 die an der Ratsapotheke angebrachten Sonnenuhren. Man nimmt an, dass Zacharias frühzeitig das Interesse seines kleinen Bruders für Mathematik und Astronomie weckte.

Im Jahre 1557, gerade siebzehnjährig, verließ Bartholomäus Görlitz und schrieb sich an der Universität Wittenberg ein. Wann er seinen Familiennamen latinisierte, bleibt im Dunkeln, aber die Immatrikulation erfolgte schon als Scultetus. Er studierte Mathematik und Astronomie, wechselte zum Wintersemester 1559 an die Leipziger Universität und wurde dort Schüler des Mathematikers und Astronomen Johannes Hommel. In Leipzig begegnete er Valentin Thau und im März 1562 Tycho Brahe. Nach dem Tod Hommels zog er wieder nach Wittenberg und erwarb den akademischen Grad eines Magisters der Philosophie. Eine Anstellung im Universitätsbetrieb fand er nicht, und so kehrte er 1567 wieder nach Görlitz zurück.

Am Görlitzer Gymnasium Augustum unterrichtete er ab Juni 1570 bis 1584 Mathematik und Astronomie. Im Jahre 1570 erwarb er das Grundstück Peterstraße 4 und wohnte dort bis zu seinem Tod im Jahre 1614. Der brauberechtigte Hof sicherte zusätzlich seinen Lebensunterhalt. Eine Möglichkeit, als Mathematiker mit einer kaiserlichen Gesandtschaft nach Moskau zu ziehen, ging nicht in Erfüllung. Als weithin bekannter Kartograph erhielt er sogar 1578 das Angebot, unter dem russischen Zaren Iwan IV. als Kartograph und Landvermesser zu arbeiten. Dieses zerschlug sich, und Scultetus blieb in Görlitz.

Mit dem Jahr 1578 wurde Scultetus in den Görlitzer Rat gewählt. Zunächst war er Stadtkämmerer, und ab 1589 bekleidete er das Amt des Stadtrichters. Allein sechsmal wurde Scultetus zum Bürgermeister gewählt. Als Ratsherr und Bürgermeister war Scultetus oft mit der Vertretung von Görlitz bei den Konventen des Oberlausitzer Sechsstädtebunds und auf dem Oberlausitzer Landtag betraut. Für den Sechsstädtebund reiste er auch als Gesandter an den kaiserlichen Hof nach Prag. Er hinterließ wertvolle Schriften und Aufzeichnungen. Ab dem Jahr 1567 erstellte Scultetus jährlich einen Schreibkalender und ein Prognostikon für das folgende Jahr.

Scultetus war vor allem Astronom und Mathematiker. Er stand mit Tycho Brahe und Johannes Kepler, zwei bedeutenden Astronomen, in Kontakt. Die Einrichtung von Sonnenuhren und die Zeitbestimmung hatten ihn immer wieder

Bartholomäus Scultetus.

beschäftigt. So ist die Einführung des zwölfteiligen Ziffernblattes an der Görlitzer Rathausuhr eines seiner Verdienste. Zu seinen wichtigsten wissenschaftlichen Leistungen gehörten die Bemühungen zur Einführung der Kalenderreform. 1582 wurde die Ablösung des julianischen Kalenders durch die päpstliche Bulle Inter gravissimas von Papst Gregor XIII. verordnet. Scultetus erkannte frühzeitig die Bedeutung der päpstlichen Bestrebungen und unterstützte die Einführung des neuen Kalenders. Ihm ist es zu danken, dass der Gregorianische Kalender bereits 1583/1584 eingeführt wurde.

Eine weitere herausragende Leistung sind seine kartographischen Arbeiten. Im Jahre 1568 fertigte er eine Karte der Mark Meißen an, und im Jahr 1593 schuf er im Auftrag der Stände die erste Landkarte der Oberlausitz. Dazu unternahm er zahlreiche Reisen durch die Oberlausitz und verschaffte sich über die topographische Situation ein eigenes Bild. Scultetus zeichnete als Erster die sorbisch-deutsche Sprachgrenze ein.

Bartholomäus Scultetus starb am 21. Juni 1614. Er wurde in der Görlitzer Nikolaikirche begraben.

16 Der Philosophus Teutonicus von Görlitz
Jacob Böhme

Einer der großen Söhne der Oberlausitz ist Jacob Böhme. Er wurde von den Wirren seiner Zeit geprägt, von den Nachwirkungen der Reformation und von der Gegenreformation. Er ist wacher Wegbereiter der klassisch deutschen Philosophie.

Die Oberlausitz ist zu großen Teilen protestantisch geprägt. Die Anfangsimpulse der Reformation, die eine glaubwürdige und verbindende Gestaltung des persönlichen Lebens, der Kirche und der Gesellschaft zum Ziel hatten, wurden bald durch tiefgreifende Konflikte überlagert. In der Folge suchte man eine klare Orientierung vielfach in festgelegten Denkformen und Lehrsätzen. In Kursachsen erfolgte das in der Weise der lutherischen Orthodoxie. Abweichungen von der Lehre wurden mit aller Härte verfolgt. Der Görlitzer Schuhmacher Jacob Böhme verfügte über einen regen Wissensdrang und die Sehnsucht, einen eigenen Zugang zum Geheimnis Gottes und zur Wirklichkeit der Welt zu bekommen und zu bahnen. Er ebnete mit seiner Gedankenwelt der klassischen deutschen Philosophie den Weg.

Jacob Böhme wurde im Jahre 1575 in Altseidenberg geboren. Nach dem Schulbesuch nahm er eine Lehre als Schuhmacher auf. Im Gegensatz zu seiner schwachen körperlichen Konstitution erwies er sich als wacher Geist. Im April des Jahres 1599 kam Böhme nach Görlitz, erlangte das Bürgerrecht und erwarb eine Schuhbank am Untermarkt. Im gleichen Jahr heiratete er Catharina Kuntzschmann und erwarb ein Haus in der Neißevorstadt. Aus der Ehe gingen vier Söhne hervor. Böhme hatte große Mühe, den Lebensunterhalt seiner Familie zu sichern. Dennoch blieb Zeit zum Lesen und zum Notieren seiner Gedanken.

1612 legte er handschriftlich seine Gedanken in dem Manuskript „Aurora oder Morgenröte im Aufgang“ nieder. Es gilt als das Hauptwerk Böhmes, ein Entwurf der Naturphilosophie und der kosmisch-geistigen Anthropologie. Er stellte Erkenntnis- und Willensfreiheit des Menschen in den Mittelpunkt. Auf dem Weg eigenen Sehens, Erkennens und Begreifens brach er mit dem blinden Autoritätsglauben. Entgegen dem Willen Böhmes wurde das Manuskript vervielfältigt und verteilt. Die Veröffentlichung erregte großes Interesse und fand große Bewunderer, aber auch Gegner. Gregor Richter, Pastor primarius an der Görlitzer Peter- und Paul-Kirche, warf Böhme Häresie vor und ging gegen ihn beim Görlitzer Rat vor. Böhme war bis dahin ein geachteter Bürger und geriet nun in Schwierigkeiten. Er wurde inhaftiert, kam auf Betreiben von Bartholomäus Scultetus wieder frei, wurde aber mit einem Schreibverbot belegt. Böhme hatte bereits zuvor die Schuhbank verkauft und sicherte fortan den Lebensunterhalt durch einen Garnhandel.

Unterstützt von einflussreichen Freunden aus Görlitz und vom umliegendem Oberlausitzer Adel setzte er jedoch seine Studien fort und pflegte den Austausch

Jacob Böhme. Ölgemälde von Christoph Gottlob Glymann.

mit Gleichgesinnten. Dem lutherischen Theologen Balthasar Walter verdankt er den Beinamen „Philosophus Teutonicus“. Inzwischen scharte sich ein Freundeskreis um ihn. Im Jahre 1619 entstand trotz des Schreibverbotes mit „Die Beschreibung der drei Prinzipien göttlichen Wesens“ ein zweites Werk. Gregor Richter blieb Zeit seines Lebens Böhmes größter theologischer Widersacher. Nach der Veröffentlichung von „Weg zu Christo“ im Jahre 1624 ging Richter erneut gegen Böhme vor und klagte ihn an. Böhme sah sich massiven Anfeindungen gegenüber und musste im Mai 1624 Görlitz verlassen. Er begab sich nach Dresden. Bei schlechter Gesundheit kehrte Böhme im November 1624 nach Görlitz zurück, wo er in seinem Haus am 17. November 1624 starb. Ein christliches Begräbnis wurde ihm zunächst verweigert, bis auf Weisung des Görlitzer Rates dies dann auf dem Nikolaifriedhof doch stattfand. Aufgehetzte Görlitzer Bürger störten immer wieder die Totenruhe. Erst mit der Zeit kehrte Friede ein.

Der Pietismus und die Romantik wurden von den Ideen Böhmes beeinflusst. Vor allem die klassische deutsche Philosophie stand in der Tradition der Dialektik Böhmes, und auch die Ansätze und Versuche zu einer christlichen Mystik nehmen bis heute vielfach auf ihn Bezug.

17 Von Kaufleuten und aufgeklärten Adligen
Kulturlandschaft Königshain

Eingebettet in eine reizvolle Berglandschaft liegt das Dorf Königshain mit einer überraschenden Kulturlandschaft. Drei Schlösser prägen das Gesicht des Ortes.

Westlich von Görlitz liegt ein kleines, nur gut 50 km² großes, meist bewaldetes Granitgebiet. Es sind die Königshainer Berge, ein reizvoller Naturraum, aber auch eine reiche Kulturlandschaft. Der Granit prägt diese Landschaft. Einzelne Felsengruppen und mächtige, längst aufgegebene Steinbrüche bieten bizarre Einblicke. Einst soll die Gemahlin eines böhmischen Königs in den hiesigen Wäldern ein Jagdquartier unterhalten haben, was auf den heutigen Namen hindeutet. Der Hauptort, die namensgebende Gemeinde Königshain, besticht nicht nur durch die weitgehend intakte Dorflandschaft mit den Häuslerkaten und den gut erhaltenen Vierseithöfen, sondern auch durch drei Schlossanlagen und einer alten Dorfkirche.

Das älteste Gebäude von Königshain, vermutlich auch der älteste Profanbau der Oberlausitz, ist der sogenannte Steinstock, ein typischer mittelalterlicher Adelssitz. Den Wohnturm, von dem sich nur das Erdgeschoss erhalten hat, umgab im Mittelalter ein Wassergraben. Bauarchäologische Untersuchungen datieren das Mauerwerk in das 13. Jahrhundert. Das verloren gegangene Obergeschoss dürfte aus Holz oder Fachwerk bestanden haben.

Der Görlitzer Kaufmann Hans Frenzel, bekannt durch den Bau der Annenkapelle am Südrand der Görlitzer Altstadt, erwarb 1504 Königshain. Sein Sohn Joachim, 1544 „wegen treuer Dienste" von Kaiser Karl V. geadelt, ließ innerhalb des alten Wassergrabenrings in den Jahren 1540 bis 1556 ein weiteres Schloss errichten. Dieser Renaissancebau erlitt im Dreißigjährigen Krieg schwere Schäden. Seit 1660 war die Anlage im Besitz der Familie Schachmann. Nach einem Blitzschlag im Jahre 1668 brannte das Renaissanceschloss nieder. Der königliche Dragoner-Hauptmann Ernst Moritz von Schachmann ließ es in der heutigen Form wieder aufbauen. Steinstock und Renaissanceschloss gerieten im letzten Jahrhundert immer mehr aus dem Blick. Das Renaissanceschloss wurde zu Kriegsende Wohnsitz mehrerer Familien. Erst in den neunziger Jahren erfolgte die Sicherung und Instandsetzung der Substanz. Seit einigen Jahren nutzen Fledermäuse den Keller zur Überwinterung.

Mit Carl Adolph Gottlob von Schachmann, der ab 1752 Herr über Königshain war, zog ein aufgeklärter Geist in die Gemeinde. Aus innerer Überzeugung hob er die Erbuntertänigkeit seiner Bauern bereits zehn Jahre vor der Französischen Revolution auf. Er war ein reger naturwissenschaftlicher Geist. So baute er 1783 die erste Blitzschutzanlage der Lausitz. Auch eine wichtige Abhandlung über die Königshainer Berge geht auf ihn zurück. Zwischen 1764 und 1766 ließ er ein Barockschloss im französischen Stil errichten. Das zweigeschossige Haupt-

Blick über die Anlage des Neuen Schlosses in Königshain.

gebäude wird von zwei halbkreisförmigen Flügeln mit Küchen- und Kavalierspavillons flankiert, die den Ehrenhof umfassen. Die exakt symmetrische Anlage bindet eine Pferdeschwemme, ein barockes Gartenparterre und Sichtachsen ein.

Nach Schachmanns Tod 1789 kamen die Schlösser in den Besitz der Familie von Heynitz. 1945 wurden die Besitzer enteignet. Die Rote Armee nutzte zunächst das Schloss. Später wurde es Kindergarten, bis es ab 1997 umfangreich saniert wurde und nun für kulturelle Veranstaltungen der Öffentlichkeit zur Verfügung steht.

Unweit des Neuen Schlosses, auf dem Plateau gegenüber dem Schlossgarten gelegen, erhebt sich die Dorfkirche in barockem Verputz. Im Inneren präsentiert sie sich als spätromanische Saalkirche mit einem quadratischen Altarraum und halbrunder Apsis und geht auf das 13. Jahrhundert zurück.

18 Von Losungen und besonderen Sternen
Die Brüdergemeine Herrnhut

Ein kleiner Ort in der Oberlausitz hat weltweite Aufmerksamkeit gefunden. Die Herrnhuter Brüdergemeine hat mit ihrer Missionsarbeit den christlichen Gedanken in alle Welt getragen.

Auf halber Strecke zwischen Löbau und Zittau liegt das Städtchen Herrnhut. Es ist ein junger, planmäßig angelegter Ort mit einer bemerkenswerten Geschichte. Sie reicht in das frühe 18. Jahrhundert zurück und hängt eng mit dem lutherisch-pietistischen Theologen Nikolaus Ludwig Graf von Zinzendorf und Pottendorf zusammen. Dieser besuchte, erst 10 Jahre alt, von 1710 bis 1715 die Franckeschen Stiftungen in Halle, wo er eine pietistische Prägung erfuhr. Nach einem Jurastudium stand er als Hof- und Justizrat in den Diensten Augusts des Starken.

Im Jahre 1722 gewährte er Glaubensflüchtlingen aus Mähren, den Böhmischen Brüdern, Zuflucht auf seinem Gut und im Schloss Berthelsdorf. Die kirchliche Verfassung der Oberlausitz räumte dem Gutsherrn besondere Rechte ein, die es Zinzendorf gestatteten, den Exulanten auf seinen Fluren Land für eine Siedlung zur Verfügung zu stellen. Schon im Jahre 1457 war eine der ersten evangelischen Kirchen in Böhmen, die Brüder-Unität, entstanden. Die Böhmischen Brüder beriefen sich auf den 1415 als Ketzer zum Tode verurteilten Reformator Jan Hus. Die Gegenreformation unter den Habsburgern trieb die Gemeinschaft aus dem Land.

Am 17. Juni 1722 fällte Christian David den ersten Baum für die neue Siedlung und war somit Gründer von Herrnhut. Rasch wuchs das Gemeinwesen, das sich in seiner ausgeprägten Religiosität unter die „Obhut des Herrn Jesus“ stellte und so die entstehende Kolonie Herrnhut nannte. Für ein homogenes Bild entstand in den folgenden Jahren eine planvolle Anlage in einer asketischen Barockarchitektur. Dabei folgt die Anlage immer gleichen Grundsätzen. Auf dem Hauptplatz steht der Kirchsaal. Der Platz wurde von den Chorhäusern (u.a. das für ledige Schwestern und das für ledige Brüder) sowie einer Pilgerherberge begleitet. Am Fuße des Herrnhuter Hutberges breitet sich der 1730 angelegte Gottesacker mit ca. 6.000 Grabsteinen aus. Die Gleichheit aller im Tod und vor Gott zog eine einheitliche Gestaltung der Grabplatten nach sich. Weibliche und männliche Gemeindeglieder werden auf den zugewiesenen Feldern getrennt bestattet, Familiengräber gibt es nicht.

Bereits zu Beginn der 1730er-Jahre entschloss sich die Brüdergemeine, ihren Glauben durch Missionsarbeit weltweit zu verkündigen. Mit der Entsendung der Missionare entstanden an vielen Orten der Welt Siedlungen nach dem Vorbild Herrnhuts. In Herrnhut gibt das Völkerkundemuseum mit seiner ethnographischen Sammlung einen Einblick in die vielfältigen Orte der Herrnhuter Missionsarbeit. Der Ort erlangte 1895 Selbständigkeit und erhielt 1929 das Stadtrecht. Am 9. Mai 1945 fielen viele Herrnhuter Gebäude der

Blick in die August-Bebel-Straße. Im Hintergrund der Betsaal.

Brandstiftung durch sowjetische Soldaten zum Opfer.

Abgesehen von den bemerkenswerten Bräuchen und Lebensgewohnheiten dieser freikirchlichen Gemeinschaft haben zwei bekannte Begriffe die Herrnhuter weltweit bekannt gemacht. Die Entstehung der Losungen ist dem Grafen von Zinzendorf zu danken, der für jeden Tag ein Bibelwort als Losung ausgab. Im Jahre 1731 erschien die erste gedruckte Version der Losungen, nun allerdings mit Bibel- und Gebetsversen für jeden Tag des Jahres. Seit 1764 werden die alttestamentlichen Worte regelrecht ausgelost und durch ein passendes Wort aus dem Neuen Testament und einen Liedvers oder ein Gebet ergänzt. Der Herrnhuter Stern ist ein beleuchteter Advents- oder Weihnachtsstern, der in seiner ganz eigenen Bauart den Stern von Bethlehem symbolisiert. Die Kinder der Missionare verbrachten die Zeit der Abwesenheit ihrer Eltern in Internaten, so z.B. in der Knaben- und Mädchenanstalt in der Kolonie Kleinwelka oder im Pädagogium in Niesky. Einen Stern zu basteln war einst eine Übung im Mathematikunterricht zum Vermitteln eines besseren geometrischen Verständnisses. Die ersten Sterne trugen dabei die Farben Weiß und Rot – Weiß für die Reinheit und Rot für das Blut und die Leidenschaft der Hingabe Jesu Christi.

19 Die Herrnhuter und die Sorben
Uhyst/Spree

Im obersorbischen Uhyst entstand 1746 ein von den Herrnhutern geprägtes Pädagogium. Vom Umfeld dieser weit über die Landesgrenzen hinaus bekannten Bildungseinrichtung gingen bedeutende Impulse für die Entwicklung der sorbischen Volksbildung aus.

Im Landstrich um Boxberg verdienten wegen des ertragsarmen Bodens die Bewohner einst ihren Lebensunterhalt durch Pech- und Teerherstellung. Bis ins 18. Jahrhundert trat einer der Hauptorte, das Dorf Uhyst, abgesehen von gelegentlichen Wechseln der Gutsherrschaft kaum in Erscheinung.

Im Jahr 1725 erwarb Friedrich Caspar Graf von Gersdorff den Ort. Der neue Gutsherr war von 1731 an Oberamtshauptmann der Oberlausitz. Fast zur gleichen Zeit hatte Nikolaus Ludwig Graf von Zinzendorf mährische Glaubensflüchtlinge auf seinem Gut Berthelsdorf aufgenommen und die Siedlung Herrnhut ins Leben gerufen. Gersdorff stand dem Gedankengut Zinzendorfs und der Herrnhuter Brüdergemeine sehr nahe. In diesem Zusammenhang muss die Großmutter Zinzendorfs, Katharina von Gersdorff, erwähnt werden, die durch Philipp Jakob Spener auf die Situation der sorbischen Bevölkerung hingewiesen wurde. Sie sorgte nicht nur für die Übersetzung der Bibel in das Sorbische, sondern machte auch den Hallenser August Hermann Francke auf die Missstände aufmerksam. Graf von Gersdorff mühte sich zunächst um die Verbesserung der desolaten Uhyster Gutswirtschaft. Angeregt durch die Verbindungen zu Zinzendorf reifte in Gersdorff der Wunsch, in seinem Gutsbezirk, mitten im obersorbischen Siedlungsgebiet, eine Bildungsanstalt zu errichten.

Nachdem in den Jahren 1738 bis 1742 anstelle des alten Schlosses ein prächtiger Neubau, wohl nach Plänen des sächsischen Baumeisters Johann Christoph Knöffel, errichtet worden war, ging Gersdorff daran, ein „Waisenhaus für wendische Kinder beiderlei Geschlechts“ und eine Anstalt zur Ausbildung von Pädagogen zu installieren. Beide fanden im neuen Schloss ihre Heimstatt. Im Jahre 1746 ließ Gersdorff neben der Barockkirche ein Pädagogium errichten. Gersdorff schloss sich nun vollständig der Herrnhuter Brüdergemeine an. Ein Jahr später zogen die Anstalten in das neue Schulgebäude ein.

Der Tod Gersdorffs im Jahre 1751 erwies sich als folgenschweres Ereignis. Die Güter verblieben zunächst nach dem Testament bei der Witwe Gersdorffs und sollten nach ihrem Tod an Siegmund August von Gersdorff fallen. Dieser Gersdorff war der in Dresden ausgebildete Generalbaumeister der Herrnhuter Brüdergemeine und stellte im Jahre 1742 der Brüdergemeine Flächen zur Gründung der Siedlung Niesky zur Verfügung.

Im Jahre 1760 wurde die Uhyster Anstalt geschlossen. Grund dafür war möglicherweise die Einrichtung des Nieskyer Pädagogiums als weiterführende Schule. Erst im Jahr 1784 zog in das Gebäude

Das Pädagogium der Herrnhuter, das sogenannte Dannenberghaus.

neues Leben ein. Durch die Initiative des Standesherrn von Königsbrück Peter von Hohenthal-Königsbrück konnte die Anstalt neu aufgebaut werden. Hohenthal selbst übernahm ihre Leitung. Den Herrnhutern nahestehende Kreise des Adels und des gehobenen Bürgertums entsandten ihre Kinder nach Uhyst. Der berühmteste Zögling war der erst neunjährige Hermann von Pückler-Muskau. Vier Jahre verbrachte er in der Uhyster Anstalt und entdeckte hier seine Liebe zur Gartenkunst.

Zu Beginn des 19. Jahrhundert geriet die Uhyster Anstalt ins Abseits. 1804 verlegte die Brüdergemeine das Adelspädagogium nach Großhennersdorf. Im gleichen Jahr unternahm der Burggraf zu Dohna den Versuch, im Schloss eine Erziehungsanstalt für künftige Schullehrer zu begründen. Die Zuschlagung von Uhyst zum Königreich Preußen hinterließ unübersehbare Spuren. Dennoch blieb die Einrichtung bestehen, war aber im Schloss fest verankert.

Das Ende der Anstalt wurde mit einem Besitzerwechsel eingeläutet. Ab 1824 besaß Georg Caspar Maximilian von Heuthausen Uhyst. Er hatte am Anstaltsbetrieb kein Interesse, sodass 1826 der Betrieb eingestellt wurde.

20 Eine Heimat für ledige Damen
Das Stift Joachimstein

Das Fräuleinstift Joachimstein zu Radmeritz galt einst als das schönste Schloss Sachsens. Kunstvoll angelegt, war es eine klosterartige Einrichtung für ledige adlige Damen.

Das Geschlecht Ziegler und Klipphausen ist schon im 14. Jahrhundert nachweisbar und stammt aus der Markgrafschaft Meißen. Im 16. Jahrhundert gelangte Christoph Ziegler von Klipphausen oder sein Sohn in den Pfandbesitz von Gröditz bei Weißenberg und begründete so die Oberlausitzer Linie des Geschlechts. Der Urenkel des Begründers der Oberlausitzer Linie kam in den Besitz des Dorfes Radmeritz (Radomierzyce, pol.). Seine beiden Söhne sind die bekanntesten Vertreter des Geschlechts. Heinrich Anselm erlangte als Romanschriftsteller und Historiograph Bedeutung. Mit seinem Roman „Asiatische Banise“ schuf er eines der berühmtesten literarischen Werke des ausgehenden 17. Jahrhunderts. Selbst Goethe lässt uns in „Dichtung und Wahrheit“ wissen, dass er als Kind bei der Lektüre der „Banise“ begeistert gewesen sei.

Joachim Sigismund hingegen übernahm den väterlichen Besitz in Radmeritz und baute die wirtschaftlichen Erfolge des Vaters aus. In den ersten Regierungsjahren Augusts des Starken war er Kammerherr und rückte später zur ersten Kammerherrenwürde vor. Dennoch blieb er seinem Geburtsort Radmeritz treu. Joachim Sigismund blieb unverheiratet und kinderlos. Die Einkünfte aus den ihm gehörenden Dörfern ermöglichten ihm, die barocke Umgestaltung von Radmeritz voranzutreiben. Der Ort liegt unmittelbar an der Lausitzer Neiße, an der Mündung der Wittig (Witka, pol.).

So errichtete im Jahre 1722 Joachim Sigismund von Ziegler und Klipphausen ein Fräuleinstift für adlige evangelische Frauen der Oberlausitz und angrenzender Gebiete. Ein Großteil seines Vermögens floss in dieses Projekt. Seine Kontakte am sächsischen Hof nutzte er, um die führenden Architekten für das Vorhaben zu gewinnen. Zunächst lieferten Oberlandbaumeister Johann Friedrich Karcher und Matthäus Daniel Pöppelmann Entwürfe. Mit dem Entwurf Pöppelmanns war er unzufrieden und entwarf schließlich selbst das Wasserschloss auf einer rechteckigen Fläche. Auf einer künstlich aufgeschütteten Insel wird es von Wasser und einem äußerem Damm umgeben, hat ein Gartenhaus, ein Kavalierhaus und eine Gartenanlage im französischen Stil. Er baute das Schloss dreigeschossig über H-förmigem Grundriss. Im Osten und Westen waren an den Ecken Basteien, ergänzt durch Pavillons, angelegt. Die Ausführung der Bauarbeiten übernahm aber dann der ehemalige sächsische Oberlandbaumeister Christoph Beyer. Spielereien sind an der Tagesordnung: Das Schloss hat 12 Kamine – so viele, wie das Jahr Monate hat; 52 mächtige Holztüren in den Innenräumen – so viele, wie das Jahr Wochen hat, und 365 Fenster, so viele, wie das Jahr Tage hat. Es entstand

Blick über die Anlagen des ehemaligen Fräuleinstifts Joachimstein.

so eines der bedeutendsten sächsischen Schlösser der Oberlausitz.

Die Zieglerschen Stiftungsstatuten bestimmen, dass zwölf unverheiratete evangelische und seit mindestens vier Generationen adlige Fräulein der Oberlausitz und angrenzender Gebiete hier Aufnahme finden können. Voraussetzung war, dass sie ohne eigene Schuld in wirtschaftliche Schwierigkeiten geraten waren. Es war ein evangelisches Kloster, an deren Spitze die Stiftshofmeisterin stand.

Die Aufnahmebedingungen spiegeln die schwierigen Verhältnisse des Landadels. Manch eine Adelsfamilie war mit den Zeitverhältnissen verarmt. Ziel war so eine standesgemäße Versorgung und die Erziehung und Bildung der Stiftsdamen. Anders als in einem Kloster konnten sie aber nach einer Heirat das Stift wieder verlassen. Im Verlaufe der Zeit besuchten große Geister das Fräuleinstift, so u.a. 1745 Friedrich der Große, Generalfeldmarschall Blücher und Prinz Wilhelm. Theodor Körner verfasste hier seinen Aufruf an die Sachsen. 1945 endete das Bestehen des Stifts. Die Stiftsdamen wurden vertrieben und das Schloss geplündert. Die Gebäude, nun auf polnischem Gebiet, wurden nicht mehr genutzt und verfielen. In den ersten Jahren des 21. Jahrhunderts leitete ein privater Investor die Sanierungsarbeiten ein.

21 Das Sanssouci der Oberlausitz
Das Schloss Hainewalde

Mit einem stattlichen Turm beherrscht das Schloss das westliche Ufer der Mandau. Eine terrassierte Gartenanlage führt in das Flusstal hinein und erinnert in seiner Form an preußische Vorbilder.

Das Dorf Hainewalde liegt nur wenige Kilometer westlich von Zittau entfernt und ist heute weniger bekannt. Die Schlossgebäude erzählen eine interessante Geschichte, gehören sie doch zu einer der bedeutenden Schlossanlagen der Oberlausitz.

Die Geschichte des Rittergutes geht weit zurück. Einst stand hier eine von einem Wassergraben umgebene befestigte Anlage nahe dem Flüsschen Mandau, auf dessen anderer Seite schon Böhmen liegt. Im Jahre 1392 wird Nicolaus diclus de Warnsdorf als ihr Besitzer erwähnt. Hans Ulrich von Nostitz ersetzte 1564 die Anlage durch ein Renaissanceschloss, das sogenannte Alte Schloss. Es war eine vierflügelige Anlage mit einem kleinen Innenhof. Die Fassade war in Sgraffitotechnik dekoriert. Wegen Baufälligkeit wurde das Alte Schloss 1780 abgebrochen. Nur der Flügel des Torhauses blieb erhalten, über dessen Portal das Wappen an den einstigen Besitzer von Nostitz erinnert. Er wurde bis 1857 als Gerichtsgebäude und Gefängnis genutzt und wird heute nach einer umfassenden Instandsetzung privat genutzt.

Samuel Friedrich von Kanitz gelangte 1724 in den Besitz von Hainewalde. Kanitz wurde in Ostpreußen geboren, ging in Königsberg zur Schule und studierte an der dortigen Albertus-Universität Geographie, Geschichte und Baukunst. Als Begleiter seines Vaters, eines preußischen Generalmajors, besuchte er bedeutende Städte in Ober- und Mittelitalien und lernte so die Zentren der neuzeitlichen Kunstentwicklung kennen. 1722 wurde Kanitz zum Kammerherrn Friedrichs II. erhoben.

Dieser überaus gebildete Gutsherr ließ in den Jahren 1749 bis 1755 an der oberen Hangkante zum Mandautal hin das Neue Schloss in barocken Formen errichten. Vom Schloss führen eine großzügige fünfstufige Terrassenanlage und eine lange Freitreppe in das Flusstal hinein und erinnern ein wenig an die 1744 errichteten sechs breiten Terrassen am Südhang des Potsdamer Schlosses Sanssouci. Der meisterhafte Architekt des Friderizianischen Rokoko Friedrich Wilhelm Dieterichs schuf diese für Friedrich II.

In Hainewalde steht an der oberen Hangkante das breitgelagerte symmetrische Hauptgebäude mit einem in der zentralen Achse eingefügten mächtigen Turm. Am Hauptportal ist das Doppelwappen der Familien Kanitz und Kyaw mit der Jahreszahl 1753 angebracht. Im Jahre 1781 erhielt das Schloss als eines der ersten Gebäude in der Oberlausitz einen Blitzableiter. Zentrales Element des Hauptbaus ist die Eingangshalle mit dem rückwärtigen Treppenhaus. Die Treppe zum Hauptgebäude flankieren zwei sich dem Hauptgebäude unterordnende Seitenflügel. Der

Das Schloss Hainewalde mit den Terrassen zur Mandau hin.

Schlossgarten selbst war mit barocken Elementen ausgestattet. In der Nähe des Schlosses zeugen die Dorfkirche und die Kanitz-Kyawsche Gruft von den Glanzzeiten des Rittergutes. Die Gruft stellt mit ihren fast lebensgroßen allegorischen Figuren eines der bedeutendsten barocken Grabdenkmäler Sachsens dar.

Die Umbauarbeiten im Jahre 1882/83 griffen tief in die Substanz des Schlosses ein. Die einst prächtige barocke Gestalt ging fast vollständig verloren. 1927 verkaufte Moritz Joachim Ernst von Kyaw das Schloss mit dem 511 ha großen Gut an die Gemeinde Großschönau.

Von März bis August 1933 diente das Schloss zunächst als Schutzhaftlager und anschließend bis 1945 als Wehrertüchtigungslager der Hitlerjugend. Nach Kriegsende bot das Schloss Flüchtlingen eine Unterkunft und wurde für Wohnungen genutzt. Ab 1972 stand es schließlich leer. Der Förderverein zur Erhaltung des Kanitz-Kyawschen Schlosses Hainewalde e.V., im Jahr 2000 begründet, mühte sich energisch um die Sicherung und Erhaltung der Anlage. Auch mit Konzerten und Ausstellungen sucht der Verein mit Erfolg, das öffentliche Interesse wieder verstärkt auf das Schloss zu lenken.

22 Mit Brennspiegel und Linsen
Ehrenfried Walther von Tschirnhaus

Johann Friedrich Böttger gilt als Erfinder des Meißner Porzellans. Hinter ihm standen Wissenschaftler von europäischem Rang und machten die Erfindung des Weißen Goldes erst möglich.

In alter Zeit war das öffentliche Interesse an der Alchemie groß. Der Traum von der Umwandlung unedler Stoffe in Gold hatte auch immer wieder das Interesse der Monarchen auf sich gezogen, waren doch die Ausgaben für die Hofhaltung enorm. Manch einer der Alchemisten bezahlte den Misserfolg mit seinem Leben. So wäre es beinahe auch dem Berliner Apothekergesellen Johann Friedrich Böttger ergangen. Dem Zugriff durch den Kurfürsten von Brandenburg, Friedrich III., entzog er sich durch die Flucht nach Sachsen. Dort angekommen, geriet er jedoch in die Gefangenschaft des sächsischen Kurfürsten August des Starken, der ebenso von den Künsten Böttgers profitieren wollte. Von 1702 an experimentierte Böttger auf der Festung Königstein. Freiberger Mineralogen und Hüttenleute unterstützten ihn, und ab 1704 führte einer der fähigsten Metallurgen Kursachsens, Bergrat Gottfried Pabst von Ohain, die Aufsicht über Böttgers Arbeiten. In den Laboratorien begegnete er dem Oberlausitzer Adligen Ehrenfried Walther von Tschirnhaus, der dann ebenfalls mit der Aufsicht über Böttger betraut wurde. Offenbar entwickelte sich zwischen Tschirnhaus und Böttger eine engere Bekanntschaft.

Das Drängen des Kurfürsten wurde immer nachdrücklicher: „Mache er Gold, Böttger" – so wird es zu Beginn des Jahres 1705 überliefert. Tschirnhaus erkannte zu diesem Zeitpunkt schon das Potential der Porzellanherstellung und lenkte die Aufmerksamkeit des Kurfürsten darauf. Ende 1707 gelang schließlich die Herstellung des weißen europäischen Hartporzellans. Ohain, aber vor allem Tschirnhaus sind die Schlüsselfiguren der Erfindung des Meißener Porzellans, des Weißen Goldes.

Ehrenfried Walther von Tschirnhaus gilt als einer der bedeutendsten Naturwissenschaftler der Frühaufklärung. der von nicht wenigen als eigentlicher Erfinder des Porzellans gesehen wird. Er erblickte am 10. April 1651 im Schloss Kieslingswalde (Sławnikowice, pol.), unweit der Stadt Lauban gelegen, das Licht der Welt. Nach dem Besuch des Görlitzer Gymnasiums Augustum studierte er im niederländischen Leiden Physik, Chemie, Philosophie, Mathematik und Medizin. Schon frühzeitig forschte Tschirnhaus zur Herstellung von Glas und zur Entwicklung neuer keramischer Materialien. Die Glasschmelzöfen waren jedoch aufgrund ihrer geringeren Temperaturen nicht zur Herstellung von Porzellan geeignet. So verbesserte Tschirnhaus am Ende des 17. Jahrhunderts in der eigenen Glashütte in Kieslingswalde die Technologie für konstante höhere Temperaturen und einen gleichmäßigen und kontrollierten Brennvorgang. Unter seiner Beteiligung gelang Böttger im Dezember 1707 erstmals die Herstellung eines Gefäßes aus

Ehrenfried Walther von Tschirnhaus, Stich von Martin Bernigeroth, 1708.

Hartporzellan. Der Kurfürst ernannte Tschirnhaus zum Geheimen Rat und zum Direktor der nun zu gründenden Porzellanmanufaktur.

Gleichzeitig beschäftigte sich Tschirnhaus mit der Entwicklung von Linsen und Hohlspiegeln, die die bislang existierenden an Präzision, Größe und Wirkung bei weitem übertrafen. Er schuf die ersten Linsen von ca. einem Meter Durchmesser und bearbeitete diese in seiner eigenen Wassermühle in Kieslingswalde. Einige wenige der so geschaffenen Instrumente sind heute im Mathematisch-Physikalischen Salon im Dresdner Zwinger und im Deutschen Museum in München zu sehen.

Tschirnhaus war Mitglied der Académie des sciences de l'Institut de France, wo sich besonders herausragende französische und ausländische Wissenschaftler versammelten. Bereits in jungen Jahren verfolgte er von Kieslingswalde aus die Idee der Gründung einer Akademie in Sachsen, was aber schließlich die Wirren des Nordischen Krieges vereitelten.

Tschirnhaus starb am 11. Oktober 1708 in Dresden und wurde in Kieslingswalde zur letzten Ruhe gebettet.

23 Für Freiheit und Toleranz
Gotthold Ephraim Lessing

Gotthold Ephraim Lessing hat wie kaum ein anderer die deutsche Entwicklung von Literatur und Theater beeinflusst. Er war ein geistiger Gigant, strebte nach Wahrheit und Deutlichkeit.

Am 22. Januar 1729 kam Gotthold Ephraim Lessing als drittes von zwölf Kindern in Kamenz zur Welt. Lessings Elternhaus, eine evangelische Pfarrersfamilie, war nicht wohlhabend, aber solide und der breiten Bildung zugetan. Sein Vater Johann Gottfried Lessing verstand sich als Vertreter der lutherischen Orthodoxie. Seinen ersten Unterricht erhielt Lessing von seinem Vater. Später unterrichtete der Wissenschaftsjournalist und Freigeist Christlob Mylius ihn als Privatlehrer. Mit Mylius verband Lessing eine lebenslange Freundschaft. Als dieser wegzog, besuchte Lessing von 1737 bis 1741 die Kamenzer Lateinschule. Dem Vater gelang es, ein Stipendium für die Fürstenschule St. Afra in Meißen zu bekommen. Lessing bestand 1741 die strenge Aufnahmeprüfung ohne Mühe. Der Rektor von St. Afra ließ den Vater wissen, dass Gotthold Ephraim eine glänzende Auffassungsgabe besitze und den Lernstoff ohne eine Schwierigkeit bewältige. Lessing bekam ein halbes Schuljahr erlassen, verließ St. Afra mit Auszeichnung und nahm 1746 auf Wunsch des Vaters in Leipzig ein Theologiestudium auf. Während des Studiums entdeckte Lessing seine Liebe zur Poesie und zum Theater, wechselte zum Leidwesen der Eltern nach Wittenberg, um Medizin zu studieren. Dort hörte er Vorlesungen in Poetik, in Geschichte, in griechischer Sprache und Literatur und in Philosophie und verließ 1752 als Magister der Sieben Freien Künste Wittenberg.

Lessing zog es nach Berlin. Die religiöse Toleranz des preußischen Königs Friedrich des Großen hatte die Stadt zur Mitte des 18. Jahrhunderts in ein Zentrum der Aufklärung verwandelt. Lessing verkehrte in Kreisen von Schriftstellern und Philosophen wie Wilhelm Ramler, Friedrich Nicolai, Ewald Christian von Kleist, Johann Georg Sulzer oder Carl Philipp Emanuel Bach. Mit dem jüdischen Philosophen Moses Mendelssohn verband ihn eine lebenslange Freundschaft.

Der stetige Kampf um sein Auskommen veranlasste Lessing, eine Stelle in Breslau als Sekretär beim preußischen General Tauentzien anzunehmen. In der Breslauer Zeit entstanden frühe Skizzen zur ersten klassischen deutschen Komödie „Minna von Barnhelm". Dann wurde er nach Hamburg gerufen, um als Dramaturg das erste bürgerliche Theater Deutschlands aufzubauen. 1767 wurde das Stück „Minna von Barnhelm" am Gänsemarkt uraufgeführt. Nach nur zwei Spielzeiten war die Bühne finanziell am Ende, und auch das Ziel, mit Johann Christoph Bode ein Druck- und Verlagsunternehmen aufzubauen, scheiterte. So musste er in finanzieller Not 1770 eine schlecht dotierte Stelle an der weltberühmten Herzog-August-Bibliothek in Wolfenbüttel annehmen. 1772 veröffentlichte er das politische Drama „Emilia

Gotthold Ephraim Lessing, Gemälde von Anton Graff, 1771.

Galotti“, das im Aufbau der Prototyp für alle folgende klassischen Tragödien wurde.

Die Verbindung zu Eva König ging noch auf die Hamburger Zeit zurück. Als ihr Mann Engelbert starb, kümmerte sich Lessing um die Witwe. Schon 1771 verlobten sie sich, und 1776 wurde Hochzeit gehalten. Das Glück war von kurzer Dauer. Der gemeinsame Sohn starb bei der Geburt und wenige Tage später auch Eva selbst.

Die Auseinandersetzungen um die Bibelkritik in „Fragmente eines Ungenannten“ eskalierten fast zeitgleich, und die Orthodoxie erreichte beim Herzog ein Verbot weiterer Veröffentlichungen. Lessing nutzte danach das Theater als sein Sprachrohr. 1779 erscheint sein Meisterwerk „Nathan der Weise“. Es war das erste weltanschauliche Ideendrama und sollte auch sein letztes Werk bleiben.

Am 15. Februar 1781 starb Lessing im Alter von 52 Jahren und war so arm, dass er in Braunschweig auf Staatskosten beerdigt werden musste.

24 Der Wille ist die einzige Realität
Johann Gottlieb Fichte

Johann Gottlieb Fichte ist neben Schelling und Hegel der bedeutendste Vertreter des deutschen Idealismus. Das große Thema von Fichte war die Freiheit, die Freiheit des Denkens, des Willens und der Vernunft. Die Schriften Immanuel Kants hatten ihn in diese Richtung geführt.

Fichtes Heimat ist Rammenau am westlichen Rand der Oberlausitz. Er wurde am 19. Mai 1762 geboren und war das erste von acht Kindern des Bandwebers Christian Fichte und seiner Frau Maria Dorothea. Die ärmlichen heimischen Verhältnisse waren geprägt von einem dörflichen Milieu, das sehr oft Hand- und Spanndienste für die Grundherrschaft zu leisten hatte.

Ernst Haubold von Miltitz, kurfürstlich-sächsischer Oberstleutnant und Amtshauptmann des Meißnischen Kreises, fiel bei einem Besuch in Rammenau der zehnjährige Knabe auf. Miltitz hatte den Gottesdienst verpasst, und Fichte konnte die Predigt so gut wiederholen und gar den Pfarrer perfekt imitieren, dass Miltitz fortan den Jungen förderte. Nach der Vorbereitung im Pfarrhaus zu Niederau ermöglichte er den Besuch der Meißner Stadtschule und schließlich auch ab 1774 eine Ausbildung an der Landesschule Pforta bei Naumburg. Ab 1780 studierte Fichte in Jena Theologie. Bereits ein Jahr danach wechselte er nach Leipzig. Der frühe Tod seines Förderers im Jahre 1774 zwang ihn, sich mit Nachhilfeunterricht und Hauslehrerstellen zu finanzieren. Schließlich musste er das Studium abbrechen. Von 1788 an hatte er eine Stelle als Hauslehrer in Zürich. Nach zwei Jahren verließ er diese Stelle wieder. Er war zur Überzeugung gekommen, dass man, bevor man Kinder erzieht, zuallererst die Eltern erziehen müsse. So kehrte er nach Leipzig zurück. Dort kam er 1790 mit der Philosophie Immanuel Kants in Berührung. Kant inspirierte ihn zu seiner am Begriff des Ich ausgerichteten Grundlage der gesamten Wissenschaftslehre.

Nach einer Hauslehrerstelle in Warschau trat er 1791 eine entsprechende Aufgabe auf Schloss Krockow in Pommern an. Im selben Jahr reiste er zu Kant nach Königsberg. Kant vermittelte ihm einen Verleger für seine Schrift „Versuch einer Critik aller Offenbarung“. Diese wurde anonym veröffentlicht, und so galt sie zunächst als ein lange erwartetes religionsphilosophisches Werk Kants. Nachdem Kant dies richtigstellte, wurde Fichte berühmt und erhielt einen Lehrstuhl für Philosophie an der Universität Jena.

In Zürich hatte Fichte sich mit Johanna Marie Rahn, der Nichte des Dichters Klopstock, verlobt. 1793 heiratete er sie, und 1796 kam Sohn Immanuel Hermann zur Welt. Im Jenaer Haus Fichtes lebte in einer Dachkammer der Schriftsteller, Philosoph und Wundarzt Jakob Hermann Obereit, der sein ständiger Gesprächspartner wurde. Im „Atheismusstreit“, 1798 ausgelöst durch zwei Schriften, wurde er wegen Verbreitung atheistischer Ideen und Gottlosigkeit verklagt, worauf er die Universität

Fichtes Geburtshaus in Rammenau.

in Jena verließ. 1805 trat er den Lehrstuhl für Philosophie in Erlangen an. 1810 wurde er auf einen Lehrstuhl für Philosophie an der neu gegründeten Berliner Universität berufen und 1811 zum ersten Rektor der Berliner Friedrich-Wilhelms-Universität gewählt. Schon nach kurzer Zeit hatte er sich jedoch mit dem Senat überworfen und legte sein Amt 1812 nieder.

Johann Gottlieb Fichte hatte sich als Anhänger der Französischen Revolution bezeichnet, hielt aber nun angesichts des französischen Feldzuges flammende patriotische Reden an die deutsche Nation. Die „Reden an die deutsche Nation" sind seine wirkmächtigste und bekannteste Schrift und basieren auf Vorlesungen, die Fichte ab Dezember 1807 in Berlin zur Zeit der französischen Besetzung gehalten hatte.

Ende 1813 erkrankte seine Frau bei der Pflege verwundeter Soldaten an Fleckfieber. Auch Fichte wurde infiziert, erholte sich nicht mehr und starb am 29. Januar 1814 in Berlin.

25 Die Oberlausitzer Gelehrten

1779 gründeten zwei Gelehrte, ein Bürger und ein Adliger, eine der ältesten regionalen Gelehrtengesellschaften Deutschlands. Mit dieser Gesellschaft zieht der Geist der Aufklärung in das wissenschaftliche Leben der Oberlausitz ein.

Das 18. Jahrhundert ist das Zeitalter der Aufklärung. Fand bis dahin wissenschaftliches Forschen nur im Kreis einer kleinen intellektuellen Elite statt, so verbreitete sich naturwissenschaftliches Gedankengut im 18. Jahrhundert zunehmend; die Wissenschaft öffnete sich einer breiteren Schicht, und es entwickelte sich ein Spezialistentum.

In der Oberlausitz sind der Jurist, Historiker und Sprachforscher Karl Gottlob Anton und der Naturforscher Adolf Traugott von Gersdorff die Pioniere dieser Entwicklung. Am 21. April 1779 gründeten sie mit 18 weiteren Gelehrten eine der ältesten regionalen Gelehrtengesellschaften Deutschlands – die Oberlausitzische Gesellschaft der Wissenschaften. Vertreter des gebildeten Bürgertums und des aufgeklärten Adels fanden sich in Görlitz zusammen, um neueste wissenschaftliche Erkenntnisse für das wirtschaftliche, kulturelle und wissenschaftliche Leben der Oberlausitz zu entwickeln und das Lebensniveau der Bevölkerung nachhaltig zu verbessern. So war mit Karl Adolph von Schachmann ein Gutsherr unter ihnen, der aus innerer Überzeugung die Erbuntertänigkeit seiner Bauern bereits zehn Jahre vor der Französischen Revolution aufgehoben hatte. Schachmann war aber zugleich wissenschaftlich interessiert und auf vielen Gebieten begabt. Er war Naturforscher, Maler und Numismatiker. Das Siegel der Gesellschaft entwarf Schachmann. Es zeigt einen blühenden Orangenzweig mit zwei Früchten sowie einer Umschrift „Soc: Lusatiae sup:" und der Unterschrift „in uno 1779".

Als Versammlungsort dienten bis 1792 das Haus von Anton, Langestraße 49, sowie der Gasthof „Zum Hirsch" am Untermarkt. 1804 kaufte der 1802 geadelte Anton für die Gesellschaft das Gebäude Obermarkt 29, und schließlich erwarb er das Barockhaus Neißstraße 30 für die Gesellschaft. Hier fand auch die Bibliothek der Vereinigung ihre Heimstatt, die zunächst maßgeblich durch die Übereignung der Antonschen Privatbibliothek mit gut 10.000 Büchern einen beträchtlichen Umfang erreichte. Neben den jährlichen Büchergaben der Mitglieder kamen später noch aus dem Nachlass von Adolf Traugott von Gersdorff weitere 10.000 Bücher hinzu. Es sind wertvolle Buchbestände und Nachlässe, u.a. Schriften des Görlitzer Theosophen Jacob Böhme oder der Nachlass des Dichters und Komponisten Leopold Schefer. Die um 1804 entstandenen charakteristischen Bücherbögen des als Kulissenbibliothek eingerichteten historischen Bibliothekssaals haben die Bezeichnung „Triumphbögen der Wissenschaften" erhalten. Seit 1951 ist die Bibliothek unter dem Namen Oberlausitzische

Der historische Bibliothekssaal der Oberlausitzischen Gesellschaft der Wissenschaften, heute Teil der Görlitzer Sammlungen für Geschichte und Kultur.

Bibliothek der Wissenschaften wieder für die öffentliche Benutzung zugänglich und zählt heute einen Bestand von 150.000 Bänden.

Die Gesellschaft publizierte regelmäßig neue wissenschaftliche Erkenntnisse. So erschien von 1781 bis 1783 mit den „Provinzblättern" ein erstes Periodikum, 1793 bis 1799 die „Lausitzische Monatsschrift" und von 1799 bis 1808 die „Neue Lausitzische Monatsschrift". Von 1822 bis 1941 erschien das „Neue Lausitzische Magazin" als jährliche Zeitschrift. Diese Tradition wird seit 1994 mit einer „Neuen Folge" des Magazins fortgesetzt.

In den letzten Jahren des Zweiten Weltkrieges kam die Arbeit der Gesellschaft zum Erliegen. 1945 wurde die Gesellschaft aufgelöst. Das Gesellschaftshaus Neißstraße 30 kam mit den Sammlungen in den Besitz der Stadt Görlitz und wurde ab 1952 museal genutzt. Symposien und Publikationen in den folgenden Jahrzehnten und die Pflege der Sammlungen bewahrten die Gesellschaft vor dem Vergessen. Im Jahre 1990 wurde die Oberlausitzische Gesellschaft der Wissenschaften auf der Bautzner Ortenburg wiedergegründet und arbeitet seitdem wieder in der alten Tradition.

26 Der Claude Lorrain der Oberlausitz
Heinrich Theodor Wehle

Wehle wurde nur 26 Jahre alt. In diesem kurzen Leben erwarb er sich den Ruf als einer der bedeutendsten Landschaftsmaler seiner Zeit.

Am 7. März 1778 erblickte Heinrich Theodor Wehle in Förstgen das Licht der Welt. Sein Vater, Johann Wehle, war dort sorbischer Pfarrer. Das Dorf Förstgen gehörte zu jener Zeit dem Grafen Adolf Nikolaus von Gersdorf. Johann Wehle, evangelisch-lutherischer Geistlicher, trug in der zweiten Hälfte des 18. Jahrhunderts die Aufklärung in die sorbischen Landgemeinden hinein. In diesem Geiste dürfte der junge Wehle aufgewachsen sein. Das an Wald und Gewässern reiche Umland von Niesky zog ihn auch immer wieder in den Bann. Seine frühen Zeichnungen zeugen von einer großen Zuneigung für die seine Kindheit bestimmende Umgebung. Die Verbindungen seiner Mutter, sie war die Tochter des Görlitzer Advokaten und Kämmereiverwalters Heinrich Gottlob Rieschke, eröffnete ihm die Möglichkeit, mit zwölf Jahren seine Bildung am Görlitzer Gymnasium zu erhalten. Hier unterrichtete als Konrektor der Sorbe Johann Hortzschansky. Seine erste künstlerische Ausbildung erhielt Wehle an der Görlitzer Zeichenschule bei dem Oeser-Schüler Christoph Nathe. Dieser war dem Naturwissenschaftler Adolf Traugott von Gersdorf mit topographischen Landschaftsaufnahmen behilflich. Ohne die üblichen barocken Zutaten vermittelte Nathe seinen Schülern die exakte Naturwiedergabe. Er entfachte in dem jungen Wehle offensichtlich den Wunsch, sich intensiv der Malerei zuzuwenden. Mit 15 Jahren verließ Wehle das Görlitzer Gymnasium und begann, in Dresden Landschaftsmalerei zu studieren. Johann Christian Klengel war sein Lehrer an der Kunstakademie. Dieser hatte sich an der realistischen Landschaftsmalerei der Holländer des 17. Jahrhunderts orientiert und so seinen Weg zur Romantik gefunden. In Wehles Schaffen zeigen sich auch viele romantische Züge. Er hatte einen Sinn für das malerische verfallene Gemäuer und die Unterordnung der Menschen in den Staffagen seiner Zeichnungen. Neben Klengel dürfte Adrian Zink auf Wehle Einfluss gehabt haben. 1799 erhielt Wehle von Baron von Barbeck das Stellenangebot eines Landschaftszeichners für die 1795/96 begründete Chalkographische Gesellschaft in Dessau. Wehle nahm das Angebot an und erlebte wie kaum an einem anderen Ort die freiesten und kultiviertesten Verhältnisse. Zu jener Zeit eröffnete Wörlitz mit seinem Landschaftspark dem jungen Künstler eine neue Welt. Die gesamte Landschaft war ein Gesamtkunstwerk, und der Zeichner hatte nun die Aufgabe, ein in erster Linie getreues Abbild zu fertigen. Das Wörlitzer Gartenparadies, in dem man die ideale Landschaftsauffassung des französischen Malers Claude Lorrain entdecken konnte, regte nun Wehles Fantasie an.

Im Jahr 1801 traf er Marie-Gabriel-Florent-Auguste de Choiseul-Gouffier, einen französischen Diplomaten, der

Geburtshaus von Theodor Wehle in Förstgen.

zum Direktor der Russischen Kunstakademie und der kaiserlichen Bibliothek berufen worden war. Diesem gab Wehle die Zusage, ihm an den Zarenhof nach Russland zu folgen. Noch 1801 trifft er in Petersburg ein.

Der General und Historiker Alexei Iwanowitsch Mussin-Puschkin bereitete in jener Zeit im Auftrag des Zaren eine Expedition in den Kaukasus, nach Georgien und Armenien vor. Wehle schloss sich der Expedition an und war der Verwalter der mitgeführten Landkarten, die er an Ort und Stelle zu ergänzen und zu berichtigen hatte. Den Anstrengungen war Wehle allerdings körperlich nicht gewachsen, weshalb er sich zum Abbruch der Reise entschließen musste. Nach Deutschland zurückkehrt, verstarb er in Bautzen am Neujahrstag 1805 im Alter von nur 26 Jahren. Schon zu seinen Lebzeiten bezeichneten manche Heinrich Theodor Wehle als Genie, zu dessen Ruhm auch Johann Wolfgang von Goethe beitrug.

27 Die größte evangelische Dorfkirche
Cunewalde

Im Süden der Oberlausitz entwickelte sich im Verlauf des 18. und 19. Jahrhunderts in den Dörfern die Hausweberei. Später wurde diese von Manufakturen und Fabriken abgelöst. Die Dörfer im sogenannten Oberland wuchsen, und mit der demographischen Entwicklung wuchs auch das Bedürfnis, die Gemeinden in größeren Kirchen zu versammeln.

Im Oberlausitzer Bergland fallen die vielen Straßendörfer auf. Sie entstanden im Zuge der feudalen deutschen Ostsiedlung durch Rodung der Wälder, ausgeführt von den Kolonisten aus Franken und Thüringen. Bis zum Ende des 17. Jahrhunderts waren hier nur wenige Menschen beheimatet. Ihren bescheidenen Lebensunterhalt bestritten sie mit Land- und Forstwirtschaft. Die Dorfkirchen waren weit voneinander entfernt, sodass mancher für den sonntäglichen Kirchgang einen längeren Weg auf sich nehmen musste. Dies änderte sich mit dem wirtschaftlichen Aufschwung im 18. Jahrhundert. Die Einwohnerzahlen nahmen mit dem Zuzug böhmischer Exulanten in das Oberlausitzer Bergland deutlich zu. Als neuer Wirtschaftszweig breitete sich die Leineweberei aus.

Cunewalde, 1222 erstmals erwähnt, steht exemplarisch für diese Entwicklung. Es ist ein typisches Kolonistendorf, das, langgestreckt der Hauptstraße folgend, zwischen den Bergketten des Czorneboh im Norden und des Bieleboh im Süden liegt. Mit einer Länge von über 11 Kilometern und einer Fläche von 26 Quadratkilometern ist Cunewalde das längste und eines der größten Straßendörfer Deutschlands. Mit den böhmischen Exulanten breitete sich die Leinweberei in Cunewalde aus. Die „Cunewalder Leimd“ war von guter Qualität und hoch geschätzt. Zunächst erfolgte noch die Weberei zu Hause am Handwebstuhl für einen kargen Lohn. Gegen Ende des 18. Jahrhunderts entstanden Manufakturen und nach der Einführung der mechanischen Webstühle auch die ersten Fabriken. Die Cunewalder Unternehmer waren die Ersten in der Oberlausitz, die sich größere Websäle bauen ließen und mit moderner Technik die Produktion weiter vorantrieben. In den Fabriken waren vor allem Frauen beschäftigt, während die Männer dem Baugewerbe nachgingen, insbesondere beim nun immer stärker werdenden Straßenbau und später beim Eisenbahnbau. Die alte Kirche, ohnehin etwas schadhaft, bot nicht mehr allen Platz. Selbst jene Gemeindemitglieder, die gut betucht waren und sich einen Platz hätten kaufen können, gingen leer aus. Auch ein 1693 erfolgter Anbau linderte nicht die Not. Folgerichtig wurde der Bau einer neuen, großen Kirche beschlossen.

Die Finanzierung eines solchen Vorhabens stieß auf Schwierigkeiten. Es wurde Geld gesammelt und eine Lotterie abgehalten. Im April 1780 konnten schließlich der Bauplatz abgesteckt und die Arbeiten aufgenommen werden. Dennoch sollten

Die Dorfkirche in Cunewalde.

13 Jahre vergehen, bis die Arbeiten fertiggestellt wurden. Der Bau war 23 Meter breit und 53 Meter lang, ein wahrlich großer Baukörper. Die neue Dorfkirche hatte drei Emporen und bot 2.632 Sitzplätze. Am 3. Advent 1793 konnte die Kirche mit einem festlichen Gottesdienst geweiht werden. Bei der Planung zählte die Gemeinde ca. 1.300 Seelen. Der sprunghafte Anstieg der Einwohnerzahlen in den letzten Jahrzehnten und das Bemühen, dass niemand ohne Sitzplatz bleibe, hatten vorausschauend die Abmaße der Kirche bestimmt. Dass damit die größte Dorfkirche Deutschlands entstand, hatte wohl niemand erwartet.

In den Jahren 1887 bis 1893 wurde das Innere der Kirche unter Leitung des Semper-Schülers Christian Friedrich Arnold neu gestaltet. Einige wenige Stücke, wie der Taufstein und die Kanzel sowie die Apostelfiguren, wurden in die Ausstattung der neuen Kirche übernommen. Auch eine neue Orgel, geschaffen von Christian Friedrich Reiß, wurde 1840 eingebaut. Es soll das wohl klangschönste Instrument in der Oberlausitz sein. Am 24. Dezember ist die Kirche zum Gottesdienst bis auf den letzten Platz besetzt. Und dies vor allem wegen eines Brauches aus dem Beginn des 19. Jahrhunderts – dem sich anschließenden Lichterzug.

28 Ein humanistisch-pädagogisches Erbe
Das Gymnasium in Zittau

Die Geschichte des Zittauer Gymnasiums prägte vor allem Christian Weise, der sich als Pädagoge, Schriftsteller und Dramatiker einen Namen machte. Trotz mancher Schwierigkeiten konnte das Gymnasium bis in die heutige Zeit seinen Charakter bewahren.

Nikolaus von Dornspach, Bürgermeister der Stadt Zittau, veranlasste 1549 die Erhebung der städtischen Lateinschule zu einem Gymnasium. Das Alte Gymnasium entstand nach dem Abriss der alten Lateinschule nahe der Johanniskirche und wurde am 10. März 1586 feierlich eröffnet. Nach den schweren Anfangsjahren blühte es ab 1602 unter dem Rektor Melchior Gerlach auf. Die unruhigen Zeiten des Dreißigjährigen Krieges trieben das Gymnasium jedoch an den Rand seiner Existenz, und nur das beherzte Engagement der Schulleiter Preil und Keimann konnte eine Schließung abwenden. In den Nachkriegsjahren stabilisierte sich der Betrieb, und das Gymnasium erarbeitete sich einen ausgezeichneten Ruf.

Der bekannteste Rektor in jener Zeit war Christian Weise. Er wurde 1642 in Zittau geboren, studierte an der Universität Leipzig Theologie und schloss dort 1663 als Magister ab. Nach verschiedenen Anstellungen als Sekretär und als Hofmeister unterrichtete er als Professor am Gymnasium Illustre Augusteum in Weißenfels. 1678 kehrte er nach Zittau zurück und übernahm die Leitung des Zittauer Gymnasiums. Er führte die deutsche Sprache sowie die Naturwissenschaften, die Mathematik und das Studium der Geschichte in den Unterricht ein. Dazu verfasste er mehrere Lehrbücher. In besonderer Weise widmete er sich den schulischen Theateraufführungen. Die Stücke dazu schrieb er selbst. Besonders ist ihm die Erhebung des Zittauer Stadttheaters zum kulturellen Mittelpunkt der Stadt zu danken. Unter Weises Schülern finden sich auch viele spätere Gelehrte, so etwa Johann Ernst Elias Bessler. Er war Erfinder zahlreicher Maschinen, die er als Perpetua mobilia präsentierte. Zudem war er als Mediziner und Uhrmacher tätig.

Die Schülerzahl wuchs in den kommenden Jahrzehnten immer weiter an. Um auch den ärmeren Kindern eine gute Schulbildung zu ermöglichen, stiftete man ein Schulstipendium.

Während der Belagerung Zittaus im Siebenjährigen Krieg wurde der Ostflügel des Schulhauses zerstört und später wieder aufgebaut. Das 1757 verschüttete Grabdenkmal von Nikolaus von Dornspach konnte gar erst 1812 geborgen und 1838 in die Südwand des Gymnasiums eingemauert werden. Im 19. und 20. Jahrhundert wurde das Gebäude als Bibliothek, Schule und Internat genutzt.

Die nun anschließenden Jahre waren für Zittau und auch das Gymnasium schwierig. Unter August Friedrich Wilhelm Rudolph wurden die untersten Klassen des Gymnasiums abgetrennt und daraus eine Bürgerschule gegründet. In der Amtszeit von Johann Friedrich

Christian Weise.

Lindemann wurden der Gymnasialunterricht verstärkt vom Staat organisiert und einheitliche Grundlagen für alle Schüler in Sachsen entwickelt. Durch das Anfügen von Realschulklassen an das Gymnasium entstand im Jahre 1855 eine Doppelanstalt. Nach der Jahrhundertwende wurde die Schule in ein humanistisches Gymnasium umgewandelt.

Mit dem Bau des Johanneums von 1869 bis 1871 erhielten Gymnasium und Realgymnasium ein neues Schulhaus. Die feierliche Einweihung fand am 14. Dezember 1871 statt. Zu Ehren des Königs Johann von Sachsen wurde das Bauwerk Johanneum getauft. Das Gebäude verfügt über zwei Eingänge, die sich durch die Trennung von Realschule und Gymnasium erklären. Auffallend ist der 56 Meter hohe Turm auf der Westseite des Gebäudes. Ein ursprünglicher Entwurf sah einen zweiten Turm mit Sternwarte an der Ostseite vor, so wie Jahre zuvor im Görlitzer Gymnasium Augustum geschehen. Der Plan wurde allerdings nicht umgesetzt. Nach der Wiedervereinigung erhielt das Gymnasium am 27. Mai 1993 den Namen Christian-Weise-Gymnasium, und eine räumliche Erweiterung wurde durch die Übernahme der benachbarten ehemaligen Pestalozzi-Grundschule erreicht.

29 Eine alte Standesherrschaft
Königsbrück

Die alte Grenzstation Königsbrück hat in ihrer Geschichte wenige Veränderungen in der Kernstadt erlebt und bietet wie nur wenige Oberlausitzer Kleinstädte ein Stück unverfälschter Stadtlandschaft.

Die alte Standesherrschaft Königsbrück liegt unmittelbar an der Grenze der Oberlausitz zum ehemals sächsischen Kernland. Im Jahre 1248 erstmals erwähnt, entwickelte sich hier eine Grenzfeste mit einer kleinen Handelsniederlassung. Der Grenzfluss Pulsnitz zieht sich um eine kleine Anhöhe, auf der einst wohl eine hölzerne befestigte Anlage stand. Die Via Regia überquerte an dieser Stelle die Pulsnitz. Der Name Königsbrück erklärt sich mit der Erhebung von Brücken- und Geleitzoll an der „Brücke des böhmischen Königs". Heute hat dort das Schloss aus dem frühen 18. Jahrhundert seinen Platz.

Im Osten der Anhöhe hat die Anlage Kontakt mit der Siedlung. Charakteristisch ist ihr Grundriss. Zwei Straßen beschreiben ein schlankes Rechteck. Die Flächen zwischen den Straßen bilden Wohnquartiere und den Marktplatz. Die Pfarrkirche, Mitte des 13. Jahrhunderts erwähnt, steht hoch über dem Pulsnitztal am nordwestlichen Rand und geht in ihrer heutigen Gestalt auf einen Neubau nach dem Stadtbrand von 1631 zurück.

Am östlichen Ende der Stadt stand einst der standesherrliche Jägerhof, von dem heute nur ein kleines eingeschossiges Gebäude, das Wohnhaus der ehemaligen Hofeschmiede, erhalten ist. Das Gebäude wirkt auf den ersten Blick recht unscheinbar, obgleich es nach einer durchgreifenden Instandsetzung wieder ein Blickfang ist und in der Achse der Weißbacher Straße eine wichtige städtebauliche Funktion erfüllt.

1803 übernahm Graf Peter Karl Wilhelm von Hohenthal das Schloss mit dem zugehörigen Gut. Auch der Jägerhof gelangte so in seinen Besitz. Im Mai 1835 gründete Kammerherrin Gräfin Louise von Hohenthal eine Kleinkinderschule, die bis zum Umzug in die Gartenstraße dort ihre Aufgabe erfüllte. Im Jahre 1911 errichtete Gottlob Siegfried Meurer auf dem Gelände ein großes Emaillierwerk. Der alte Jägerhof wurde in den 1920er-Jahren bei einem Brand der Fabrik zerstört. So blieb nur das Wohnhaus des Hofschmieds erhalten.

Am Ende des 19. Jahrhunderts wurde für das beschauliche Städtchen als Garnisonsstadt ein neues Kapitel aufgeschlagen. Erst 1992 endete das militärische Kapitel der Stadtgeschichte. Nur noch das Institut für Luftfahrtmedizin der NVA, jetzt der Bundeswehr hat bis heute hier seinen Standort. Als international renommiertes flugphysiologisches Trainingszentrum des Zentrums für Luft- und Raumfahrtmedizin der Luftwaffe genießt es einen ausgezeichneten Ruf.

Das Schloss wurde 1945/46 von der Sowjetischen Militäradministration in Deutschland als Lazarett genutzt. Ab 1948 lebten 32 ausgebombte Familien aus Dresden im Gebäude. Später diente es bis zu

Der Jägerhof zu Königsbrück. Das ehemalige Wohnhaus des Hofeschmieds.

seiner Schließung im Dezember 2000 als Krankenhaus und als Alten- und Pflegeheim. Inzwischen ist das Schloss wieder in privater Hand. Aber es birgt noch eine Attraktion. Die hier in einem Gewächshaus untergebrachten drei Königsbrücker Kamelien gelten als die ältesten zusammenstehenden Kamelien nördlich der Alpen. Sie wurden wahrscheinlich um 1825 gepflanzt. Die Geschichte ist sehr vage. Sachsen gilt als das Ursprungsland der deutschen Kamelienzucht. 1813 gründeten die Gebrüder Seidel eine solche Zucht. Es ist möglich, dass die Königsbrücker Kamelien aus der Seidelschen Kameliensammlung stammen und von Peter Carl Wilhelm von Hohenthal nach Königsbrück gebracht wurden.

Ganz versteckt und wenig beachtet hat sich in Königsbrück noch eine andere Attraktion erhalten. Die ehemalige Bahnstrecke Dresden–Klotzsche–Straßgräbchen–Bernsdorf, 1899 in Betrieb genommen, führte mit einem gebogenen genieteten Stahlviadukt über das Pulsnitztal. Der imposante Bau ist 214 Meter lang und 14 Meter hoch und stellt eine seltene ingenieurtechnische Meisterleistung dar.

30 Militärische Auseinandersetzungen
Von großen und keinen Schlachten

Die Oberlausitz war auch Kriegsschauplatz. Einprägsame Hinweise finden sich in Hochkirch u.a. mit Straßennamen wie Blutgasse. Viel bescheidener wird in Markersdorf an den Tod des engsten Vertrauten Napoleons, Geraud Christophe Michel Duroc, erinnert.

Immer wieder stößt man in der Oberlausitz auf Hinweise, die die militärischen Auseinandersetzungen der Schlesischen Kriege oder auch der Kämpfe im Jahre 1813 belegen. So zeugen in Hochkirch die Namen der Gassen und auch die noch verbliebenen Kanonenkugeln in den Wänden der barocken Dorfkirche von den militärischen Ereignissen im Siebenjährigen Krieg. Am frühen Morgen des 14. Oktober 1758 griffen die Österreicher unter Graf Daun überraschend das Feldlager des preußischen Königs Friedrich II. an, dem es nur unter großer Mühe gelang, sich geordnet in eine sichere Verteidigungsstellung zurückzuziehen und so eine größere Katastrophe zu verhindern.

Noch viel stärker haben sich die Ereignisse des Jahres 1813 in der Topographie der Oberlausitz eingebrannt. So gibt es eine Napoleonbrücke bei Reichenbach oder die Russenhäuser bei Bernstadt. In der niederschlesischen Stadt Bunzlau (Bolesławiecz, pol.) unweit der Grenze zur Oberlausitz hat sich ein Monument für Michail Illarionowitsch Kutusow, den Oberbefehlshaber der preußisch-russischen Truppen in den Befreiungskriegen erhalten. Der preußische König beauftragte den Architekten Karl Friedrich Schinkel und den Bildhauer Johann Gottfried Schadow mit der Errichtung dieses Denkmals. Kutusow war bei Kämpfen nahe Tillendorf verwundet worden und starb am 28. April 1813 in Bunzlau. Er gilt als Held des Vaterländischen Krieges gegen Napoleon.

Weniger bekannt und auch recht unauffällig erinnert ein schlichter Granitwürfel an der Hauptstraße in Markersdorf an ein Ereignis, dass sich nur einen Monat nach dem Tod von Kutusow ereignete. Der Denkstein bezeichnet jene Stelle, an der am 22. Mai 1813 eine russische Kanonenkugel den Großmarschall Duroc und den Ingenieur-General Kirchner traf. Kirchner war sofort tot. Duroc hingegen, dem das rechte Bein zerschmettert worden war, starb 14 Stunden später in dem benachbarten Bauerngut Hanspach. Dort besuchte Napoleon seinen engsten Vertrauten noch kurz vor dessen Tod. Der Leichnam Durocs wurde nach Görlitz gebracht und nach den nötigen Vorkehrungen weiter nach Paris überführt, wo er noch heute an der Seite Napoleons im Invalidendom ruht. Im August 1813 war Napoleon noch einmal in Görlitz. Er setzte 1.000 Taler für ein Denkmal Durocs aus. Zur Ausführung des Denkmals kam es allerdings nicht mehr.

Mit den Arbeiten zur Chaussierung der Landstraße bei Markersdorf im Jahre 1830 trat die Errichtung eines Denkmals erneut in den Blickpunkt. Deutlich waren die Unsicherheiten der Baubeamten vor Ort zu spüren. Es lag in der politischen Brisanz

Gedenkstein für Generalfeldmarschall Géraud Christophe Michel Duroc, Herzog von Friaul, an der Fernverkehrsstraße in Markersdorf.

des Vorgangs, sollte doch einem Franzosen, einem Kriegsfeind der Preußen, ein Denkmal gesetzt werden. Tatsächlich wurden zwei Entwürfe gefertigt. Regierungsbaurat Neumann schlug einen schlichten klassizistischen Würfel vor, ein zweiter Entwurf stammte von Johann August Soller, gestaltet als schlanker emporragender Obelisk. Soller ist kein Unbekannter. Er war ab 1841 als Geheimer Oberbaurat in der Oberbaudeputation für das Ressort Kirchenbau zuständig und in seinen ersten Berufsjahren im preußischen Chausseebau tätig. Nach einigen Diskussionen erhielt schließlich ein schlichter Granitwürfel seinen Platz an der neuen Chaussee in Markersdorf.

Noch einmal sollte der Gedenkstein die Berliner Behörden beschäftigen. Der Sohn des Generals Kirchner besuchte im Verlauf einer Reise das Grab seines Vaters und bat um eine veränderte Gestaltung des Schriftzuges. Nun wurde Berlin aufmerksam, und man stellte reserviert fest, dass es sich um ein nicht offiziell errichtetes Denkmal für die beiden Franzosen handelte. Die Angelegenheit verlief schließlich im Sande, sodass noch heute der schlichte Granitwürfel von den Ereignissen des Jahres 1813 zeugt.

31 Große Denkmale des 19. Jahrhunderts
Ernst Rietschel

Ernst Rietschel war einer der wichtigsten Bildhauer des 19. Jahrhunderts. Er vertrat eine moderne, an der Realität orientierte Kunstauffassung.

Ernst Rietschel wurde am 15. Dezember 1804 in Pulsnitz geboren. Sein Vater war Beutel- und Handschuhmacher. Rietschel wuchs in finanziell schwierigen Verhältnissen auf, zeigte aber bereits als Kind eine künstlerische Begabung. Nach einer abgebrochenen Kaufmannslehre trat er 1820 in die Kgl. Sächsische Kunstakademie zu Dresden ein. Im Verlauf seines Studiums errang er immer wieder Preise bei den jährlichen Ausstellungen der Kunstakademie. Der sächsische Eisenhüttenunternehmer Detlef Graf von Einsiedel bot ihm 1823 an, die Kosten für eine Ausbildung zum Bildhauer zu übernehmen, um später in Lauchhammer als Modelleur im Eisenwerk Lauchhammer zu arbeiten. Rietschel nahm das Angebot an. Auf Vermittlung des Grafen von Einsiedel ging er 1826 nach Berlin und wurde Schüler von Christian Daniel Rauch. Im Jahr 1828 vertrat er den Meister bei der Grundsteinlegung des Nürnberger Dürer-Standbildes. Auf der Rückreise suchte er Goethe in Weimar auf. Ein Jahr später folgte ein zweiter Besuch beim Dichterfürsten, diesmal gemeinsam mit Rauch. Rietschels Erfolge und sein Bekanntheitsgrad waren inzwischen gewachsen. Graf Einsiedel entband ihn von der Verpflichtung, als Modelleur für Lauchhammer zu arbeiten. Auf Empfehlung Rauchs erhielt er den Auftrag für einen Entwurf zum Denkmal des sächsischen Königs Friedrich August I. in Dresden.

Im Alter von 27 Jahren wurde er zum Professor für Bildhauerei an der Dresdner Kunstakademie berufen. Fortan war er in Zusammenarbeit mit vielen Architekten, u.a. Gottfried Semper, für die bauplastische Gestaltung einer Reihe von Bauten zuständig. So schuf er das Giebelrelief für das Königliche Hoftheater Dresden, das durch den Brand 1869 zerstört wurde. Die geborgenen Reste sind im Burgtheater in der Bautzner Ortenburg zu sehen. Auch das Giebelrelief am Opernhaus Unter den Linden in Berlin entstand in dieser Zeit. Als seine Vorbilder nannte er Ghiberti, Michelangelo, Vischer, Canova, Berthel Thorvaldsen und Daniel Christian Rauch.

1836 wurde Ernst Rietschel zum ordentlichen Mitglied der Berliner Akademie der Künste und nur Wochen später zum Ehrenmitglied der Kunstakademie in Wien ernannt. In den fünfziger Jahren überschüttete man ihn förmlich mit Ehrungen. Er wurde zum Ritter der Französischen Ehrenlegion, zum Ehrenmitglied der Stockholmer Akademie und schließlich auch zum Ehrenmitglied von Akademien und Instituten in Paris, Brüssel, Kopenhagen, Rom und Antwerpen ernannt.

Rietschel war somit über die Landesgrenzen hinaus als bedeutendster Künstler seiner Zeit bekannt geworden. Sein Hauptbetätigungsfeld war die Denkmalkunst. Zu seinen bekanntesten Werken zählen das Goethe- und Schiller-Denk-

Ernst-Rietschel-Denkmal auf dem alten Markt in Pulsnitz.

mal (1857) in Weimar und das Lutherdenkmal (1868) in Worms. Letzteres ist das weltweit größte Reformationsdenkmal. Es wurde in der Kunstgießerei Lauchhammer gegossen. An der Errichtung des Denkmals hatte u.a. auch sein Schüler Johanes Schilling mitgewirkt, der ebenso ein bedeutender Denkmalkünstler werden sollte. Rietschels Lutherstatue im Zentrum des Denkmals war prägend für die Darstellungen des Reformators im ausgehenden 19. Jahrhundert und wurde für zahlreiche Lutherdenkmäler in Mitteleuropa und Nordamerika nachgegossen.

Ein Lungenleiden schwächte Rietschel schon viele Jahre lang. Genesungsreisen nach Italien brachten nur geringe Linderung. Am 21. Februar 1861 starb Ernst Rietschel in Dresden. Er wurde auf dem Dresdner Trinitatis-Friedhof beigesetzt. Sein Geburtshaus in Pulsnitz wurde im Jahre 2000 restauriert und seitdem dem Ernst-Rietschel-Kulturring zur Nutzung als Archiv- und Ausstellungsort zur Verfügung gestellt.

32 Ein Stadtoberhaupt als Visionär
Gottlob Ludwig Demiani

Demiani hatte maßgeblichen Anteil daran, dass Görlitz in der ersten Hälfte des 19. Jahrhunderts auf den Weg zu einer wirtschaftlichen Blüte geführt wurde und nicht in tiefer Bedeutungslosigkeit versank.

Unter großer Anteilnahme der Öffentlichkeit enthüllte 1862 Oberbürgermeister Hugo Sattig das Denkmal für Gottlob Ludwig Demiani. Dieses Denkmal ist ein Symbol für den Aufbruch von Görlitz und das städtische Selbstbewusstsein ab dem zweiten Drittel des 19. Jahrhunderts.

Die Spaltung der Oberlausitz in sächsisches und preußisches Hoheitsgebiet im Jahre 1815 blieb nicht ohne Folgen für Handel und Gewerbe. Gleichzeitig vollzog sich mit der einsetzenden industriellen Revolution ein tiefgreifender Wandel in den ökonomischen und sozialen Verhältnissen. Von der Begabung und dem Können des Stadtoberhauptes und seiner Ratsmitglieder hing vor allem nach der Einführung der kommunalen Selbstverwaltung im Jahre 1833 die Zukunft des Gemeinwesens ab. Gottlob Ludwig Demiani war einer der bedeutenden kommunalen Persönlichkeiten dieser Zeit. Seine Leistungen hatten weit über die Stadtmauern hinweg Anerkennung gefunden. So bezeichnete der deutsche Historiker Heinrich von Treitschke in seiner im Jahre 1899 erschienenen „Deutschen Geschichte im 19. Jahrhundert“ Demiani gemeinsam mit dem Breslauer Kosopoth und dem Berliner Bärensprung als die bedeutendsten Kommunalpolitiker jener Jahre.

Gottlob Ludwig Demiani wurde am 22. April 1786 in Dresden geboren. Er studierte Jura und folgte zum 1. Juli 1814 einer Berufung in das Ratskollegium nach Görlitz. 1820 wurde er zum Kämmerer befördert. Mit Organisationstalent und großer Umsicht ordnete er die durch den Krieg und Misswirtschaft zerrütteten städtischen Finanzen und bereitete den Boden für einen gesunden wirtschaftlichen Aufschwung. Besondere Beachtung schenkte Demiani dem großen städtischen Forstbesitz jenseits der Neiße. Die Einnahmen aus der Forstwirtschaft und der Abbau der Bodenschätze ermöglichten bald eine Steuerpolitik, die Görlitz als Wohnort in Preußen attraktiv machte. Auch die ab 1829 betriebene Umgestaltung der alten Viehweide in eine Parkanlage erwies sich für diese Entwicklung als förderlich. Neben dem Volkspark in Klosterberge bei Magdeburg dürfte der Görlitzer Stadtpark zu den frühesten durch eine Kommune initiierten und finanzierten Anlagen Deutschlands zählen. 1833 wurde Ludwig Gottlob Demiani zum Bürgermeister von Görlitz gewählt. Mit den als Kämmerer geschaffenen Grundlagen konnte er nun ohne Verzug an die Umsetzung der kommunalen Selbstverwaltung gehen. Immer deutlicher zeichneten sich in allen Lebensbereichen tiefgreifende Wandlungen ab. 1836 holte Demiani Fer-

Gottlob Ludwig Demiani.

dinand Wilhelm Kaumann nach Görlitz, welcher mit großem Sachverstand das Schulwesen den Forderungen seiner Zeit anpasste. Das wohl wichtigste Vorhaben für die Zukunft der Stadt war aber zweifellos Demianis Plan für den Eisenbahnanschluss von Görlitz. Bereits 1841 ließ er Untersuchungen zum Verkehrsaufkommen auf den Handelsstraßen als Nachweis für die Notwendigkeit einer solchen Verbindung anstellen. Seine ausgezeichneten Beziehungen zum preußischen Hof und seine kluge Verhandlungsführung mit den Banken und Bahngesellschaften ließen dieses schwierige Projekt 1847 mit der Eröffnung des preußisch-sächsischen Doppelbahnhofs Realität werden. Die Summe aller Ideen Demianis führte in Görlitz zu einer Blüte von Handel und Gewerbe. Im Jahre 1844 durch König Wilhelm IV. auf der Landeskrone zum Oberbürgermeister ernannt, konnte er auf einen Bevölkerungszuwachs von etwa 30 %, auf zahlreiche neue Produktionsstätten und auf eine moderne Infrastruktur verweisen. Auf der Rückreise von einem Kuraufenthalt in Teplitz erkrankte er an einem Nervenfieber und verstarb am 5. Juli 1846 in Dresden, fand aber seine letzte Ruhestätte in Görlitz.

33 Der Genius der Landschaftsarchitektur

Fürst Pückler und sein Reich

Der 1815 angelegte Landschaftsgarten in Muskau ist außergewöhnlich und sucht weltweit seinesgleichen. Mit einer Größe von 830 Hektar ist er der größte englische Landschaftspark Zentraleuropas. Die Visionen Pücklers ließen ihn zu einem der bedeutendsten deutschen Landschaftsgestalter werden.

Hermann von Pückler-Muskau wurde 1785 geboren. Er war das älteste von fünf Kindern und wuchs in Muskau auf. Als Neunjähriger verließ er Muskau, um in Uhyst die Schule der Herrnhuter zu besuchen. Auf dem Pädagogium der Franckeschen Stiftungen in Halle setzte er seine Ausbildung fort. Nach einem Schulverweis ging er an das Philanthropinum nach Dessau. Auch dieser Aufenthalt war nur von kurzer Dauer. Im Jahre 1800 nahm Pückler ein Studium der Rechte an der Universität Leipzig auf. Nach zwei Jahren brach er auch diese Ausbildung ab und begann eine militärische Laufbahn in der sächsischen Garde du Corps in Dresden. 1806 verließ er das Militär im Range eines Rittmeisters. Reisen führten ihn in die Provence und nach Italien.

In den Jahren 1813/14 war Pückler wieder im militärischen Dienst. Danach reiste er gemeinsam mit Leopold Schefer erstmals nach England. Die Entdeckung der dortigen Parks sollte ein Schlüsselerlebnis für ihn werden. Er fand seine Berufung zum Gartenkünstler. Nach dem Wiener Kongress 1815 fiel die Herrschaft Muskau an Preußen. Am 9. Oktober 1817 heiratete Pückler die neun Jahre ältere Lucie von Hardenberg, Tochter des preußischen Staatskanzlers Karl August von Hardenberg. König Friedrich Wilhelm III. erhob Pückler 1822 in den Fürstenstand.

Hermann von Pückler-Muskau wollte seine Stadt nach eigenen Worten durch einen herrlichen und großen Garten verschönern. Durch Grundstückserwerb schuf er ein geschlossenes Parkareal und konzipierte, angeregt von den englischen Parks, mit einer Gesamtfläche von 830 Hektar den größten englischen Landschaftspark Zentraleuropas. 1817 begannen die Arbeiten am Luciesee und der Hermannsneiße. Pückler nahm Kontakt zu Karl Friedrich Schinkel auf, der Planungen für Parkarchitekturen zeichnete. Die Umgebung des Jagdschlosses erhielt eine urwaldähnliche Gestaltung. Die Jagdschlossanlage besaß eine eigene Baumschule und eine Gastwirtschaft. Im Jahre 1820 wurde das Englische Haus errichtet, zwei Jahre später kamen die Englische Brücke und die Doppelbrücke hinzu. 1820 lud Pückler die englischen Gärtner Humphry Repton und Vernal zur Gestaltung des Pleasuregrounds am Neuen Schloss ein. Die Umgestaltung in den Jahren 1823 bis 1826 folgte Reptons Ideen. Bis 1845 entstanden zahlreiche Brücken und Wege, wurden Flächen kunstvoll in die Parkgestaltung eingefügt. Selbst Seen und Inseln wurden künstlich geschaffen. Bereits

Das Neue Schloss.

1826 gingen die Gelder für das Vorhaben zur Neige. Pückler ließ sich im Jahr 1826 von seiner Frau pro forma scheiden, blieb aber mit ihr ungeachtet dessen lebenslang freundschaftlich verbunden.

Der verschuldete Pückler reiste von 1825 bis 1829 nach England, um dort reich zu heiraten. Er fand keine Braut, dafür wurden seine Reiseberichte, die seine geschiedene Frau veröffentlichte, ein literarischer und finanzieller Erfolg. Somit konnten die Arbeiten im Park wieder aufgenommen werden. 1845 waren die finanziellen Mittel wiederum aufgebraucht, und er war gezwungen, die Standesherrschaft Muskau zu verkaufen. Er zog auf sein Erbschloss Branitz bei Cottbus. Den Erlös aus dem Verkauf von Muskau verwendete er, um das Schloss Branitz umbauen zu lassen und in Branitz einen weiteren Landschaftsgarten nach englischem Vorbild anzulegen.

Die letzten Jahre bis zu seinem Tod 1871 widmete er sich der Schriftstellerei. Seine sterblichen Überreste wurden in der Seepyramide im Branitzer Park beigesetzt.

Pückler hat mit seinem Werk „Andeutungen über Landschaftsgärtnerei verbunden mit der Beschreibung ihrer praktischen Anwendung in Muskau“ eines der bedeutendsten Fachbücher zur Landschaftsgestaltung des 19. Jahrhunderts vorgelegt, das bis heute seine Gültigkeit behalten hat.

34 Eine Rhododendren-Freilandanlage
Der Kromlauer Park

Kromlau ist wie ein Märchen, das in ein Naturschauspiel der besonderen Art eingebettet ist. In unmittelbarer Nachbarschaft des Pücklerschen Landschaftsparks entstanden, hat sich die Parkanlage ganz eigenständig entwickelt.

Kromlau liegt im Norden der Oberlausitz, halbwegs zwischen Muskau und der Stadt Weißwasser. Bekannt geworden ist die Gutsherrschaft durch eine romantische Parkanlage. Im Jahre 1842 erwarb der Großgrundbesitzer Friedrich Hermann Rötschke das Gut Kromlau. Der nahe Landschaftsgarten des Fürsten Pückler-Muskau könnte Rötschke angeregt haben, ab 1844 nach den ersten Anpflanzungen einheimischer und fremdländischer Gehölze auch einen großzügigen Park anzulegen. Nach dem Bericht des Chronisten Aisch stellte Rötschke etwa 200 Hektar „zur Ausführung seines Planes bereit. Teiche ließ er graben und Hügel aufwerfen, die er mit Eichen krönte. Seltenes Gehölz aus aller Herren Ländern wurde gepflanzt. Lauschige Plätze mußten mit Standbildern aus mythologischer oder Rokoko-Zeit sich schmücken lassen." Rötschke investierte fast die Hälfte seines Vermögens in die Gestaltung des Parks. So wurden Basaltsteine mit Ochsenkarren aus verschiedenen Steinbrüchen herbeigeholt, bis aus Böhmen und der Sächsischen Schweiz kam das Material. Der Fantasie waren keine Grenzen gesetzt, und so wurden verschiedene Elemente, u.a. Höhlen, Grotten und Pyramiden und der Richterstuhl, gestaltet. Die im See angeordneten Basaltsäulen werden Orgeln genannt. Friedrich Hermann Rötschke ließ viele anspruchsvolle Pflanzungen vornehmen und Akzente durch Tulpenbäume, Esskastanien oder einen Trompetenbaum setzen. Zu den schönsten architektonischen Schöpfungen zählt die in den Jahren 1863 bis 1882 aus Basalt- und Feldsteinen errichtete Rakotzbrücke, im Volksmund auch Teufelsbrücke genannt. Mit einer Spannweite von 35 Metern quert sie im hohen, harmonischen Bogen den Rakotzsee und bietet im Wasser ein märchenhaftes Spiegelbild. Der Name Rakotz ist sorbisch und steht für Krebs.

Das Kromlauer Schloss geht auf das 18. Jahrhundert zurück. Sein heutiges Erscheinungsbild ist nach Umbauten ab dem Jahre 1845 entstanden. Zu dem Gebäudekomplex gehören ein Kavaliershaus und die Grüne Villa. Um einen Ausblick auf die Parkgestaltung zu erlangen, hatte Rötschke um 1850 den Anbau eines Turms veranlasst. Auch das Kavaliershaus im Schweizer Landhausstil entstand in jenen Jahren. Es ist mit Wandmalereien des sächsischen Künstlers Erhard Ludwig Winterstein geschmückt. Nach 1945 wurde das Schloss als Kindergarten genutzt. Es wurde grundlegend instandgesetzt und ist heute ein Wohnhaus.

Schon 1875 zog sich Rötschke zurück und tauschte sein Rittergut gegen Bauplätze in Wilmersdorf bei Berlin ein. 1889 erwarb Graf von und zu Egloffstein-Arklitten, Vertreter eines fränkischen Uradels-

Die Rakotzbrücke.

geschlechtes, das Rittergut. Er beauftragte ab 1893 den Gartenbauinspektor Georg Eichler mit der Parkpflege. Eichler begann in größerem Umfang Rhododendren und Freiland-Azaleen anzubauen. Die Pflanzungen entwickelten sich prächtig und sind heute ein großer Anziehungspunkt.

Nach dem Zweiten Weltkrieg wurde der Kromlauer Park aufgrund der Bodenreform in Volkseigentum überführt und 1948 zum Naturschutzgebiet erklärt. Nach Jahren der Vernachlässigung begann eine Gruppe Interessierter ab 1966 mit den ersten Sicherungs- und Instandsetzungsarbeiten.

Für eine Attraktion ganz anderer Art sorgt die Muskauer Waldeisenbahn. Ihre Anlage geht auf eine Pferdebahn mit einer Spurweite von 600 mm zurück, die der Muskauer Standesherr Graf Hermann von Arnim im Jahre 1895 anlegen ließ. Sie diente zur Erschließung der Wälder und Rohstoffvorkommen und sollte die Orte mit dem Bahnnetz verbinden. Bereits 1895 wurden die ersten Lokomotiven angeschafft. Rasch erweiterte sich das Gleisnetz auf etwa 50 Kilomater. Heute wird die Waldeisenbahn touristisch genutzt und verbindet Kromlau mit Bad Muskau und Weißwasser, traditionell mit Dampfkraft.

35 Feine Stoffe für Europa
Damast

Seit 1666 werden in Großschönau Damaste gewebt. Das Dorf im Süden der Oberlausitz wurde rasch zum Zentrum für die Herstellung der edlen Stoffe in Deutschland.

Der Begriff Damast steht für ein Gewebe, in das durch eine spezielle Technik figürliche Muster eingewebt werden können. Es wird aus Seide, feinem Kammgarn oder Leinen und sehr glänzenden Materialien angefertigt. Daher gilt Damast als weich, kühl und hochwertig. Schöne Ornamente und florale Muster wie Blumen, Blüten und Ranken veredeln den Stoff.

Um Damast mit seinen außergewöhnlichen Mustern und Eigenschaften herzustellen, wird viel Mühe und Zeit benötigt. Langfaserige, reine Garne werden im ersten Schritt mit Lauge veredelt. Anschließend werden die einzelnen Fasern mehrfach gekämmt, um sehr glatte, lange und kräuselfreie Stränge zu erhalten. Dieser Vorgang wird in der Textilindustrie als Superkämmen bezeichnet. Das Gewebe besteht aus extra feinen Fäden, welche dicht miteinander verknüpft werden. Für die Herstellung sind spezielle Webstühle notwendig, um nach der Atlasbindung oder Satinbindung zu weben. Diese Bindung ist dadurch kennzeichnet, dass auf derselben Seite des Stoffes besonders viele parallele Fäden überwiegen. Auf der einen Seite liegen die Schussfäden, die in derselben Richtung wie das Webschiffchen ausgerichtet sind. Auf der anderen Seite befinden sich die querliegenden Kettfäden. Die zierlichen Ornamente und Muster im Stoff entstehen beim Weben durch den Wechsel von Schuss- und Kettfäden.

Damast wurde zuerst in China produziert. Über die Handelsbeziehungen gelangte das wertvolle Gewebe über Indien in die nordafrikanische Region und auf der Seidenstraße bis nach Europa. Im 12. Jahrhundert wurden die Stoffe in Damaskus hergestellt und erreichten eine große Beliebtheit, sodass diese schließlich unter dem Stadtnamen gehandelt wurden.

In der Oberlausitz wurde erstmals im 17. Jahrhundert Damast gewebt. Friedrich und Christoph Lange, zwei Brüder aus Großschönau, lernten die Technik in den Niederlanden kennen, studierten die Technologie und brachten sie in ihre Heimat. Im Jahre 1666 wurde dann in Großschönau erstmals in Deutschland Damast gewebt. Das Dorf entwickelte sich rasch zum Zentrum der deutschen Damastherstellung. Um die Weiterverbreitung zu unterbinden, wurden sogar am sächsischen Hof Gesetze erlassen und die Weber mit besonderen Privilegien ausgestattet.

Die Blütezeit der Damastweberei lag im ersten Drittel des 18. Jahrhunderts. Über 1.000 Webstühle zählte man in den Häusern Großschönaus. Fast alle Einwohner des Dorfes lebten von der Produktion und dem Vertrieb der Stoffe. Die spezielle Webtechnik zog auch einen hohen Preis für die Produkte nach sich. Die wichtigs-

Deutsches Damast- und Frottiermuseum Großschönau. Einst Wohn- und Geschäftshaus der Firma Christian David Waentig & Söhne, 1809 errichtet.

ten Abnehmer waren die europäischen Herrscherhäuser. Auch der sächsische Hof interessierte sich für Damast, hatte er doch in seinen Wäschekammern zahllose Tafeltücher bevorratet.

Joseph-Marie Jacquard, ein französischer Weber, erfand 1805 eine Vorrichtung, mit deren Hilfe man die Hebung und Senkung jedes einzelnen Kettfadens am Webstuhl steuern konnte. Bis dahin musste der Weber, wenn er gemusterte Stoffe herstellen wollte, diese Aufgabe in mühevoller Kleinarbeit oder mit der Hilfe von Kindern erledigen. Mit der Jacquardeinrichtung konnten erstmals endlose Muster von beliebiger Komplexität automatisch hergestellt werden. Damit setzte rasch der Niedergang der Handweberei ein.

Bis heute wird in Großschönau die besondere Tradition der Damastherstellung gepflegt. Das Deutsche Damast- und Frottiermuseum Großschönau zeigt die Geschichte der heimischen Damastweberei. In der DAMINO GmbH wird mit modernen Methoden die Damastweberei fortgeführt. Im Herstellungsprogramm sind spezielle Brokatdamaste für hochwertige Bettwäsche und Bekleidungsdamaste für den afrikanischen Markt.

36 Der Bäckermeister und der Turm
Der Löbauer Turm

Der einzig noch erhaltene gusseiserne Turm der Welt steht auf dem Löbauer Berg und dokumentiert ein Stück technischer Entwicklung des 19. Jahrhunderts.

Der Löbauer Hausberg ist seit alters her ein beliebtes Ausflugsziel. Mitte des 19. Jahrhunderts wuchs der Wunsch, durch die Errichtung eines Aussichtsturmes die Attraktivität des Berges zu steigern. Aussichtstürme waren in jenen Jahren in der Oberlausitz kaum vorhanden. Der älteste wurde schon 1796 auf der Landeskrone bei Görlitz errichtet, und 1835 folgte mit 18 Metern Höhe der Wartturm in Niesky. Im Jahre 1851 wurde auf dem Berg Czorneboh ein Aussichtsturm eingeweiht. Es waren allesamt gemauerte Türme, wie auch jene später errichteten auf dem Butterberg (1860), dem Kamenzer Hutberg (1864) und auf dem Bieleboh (1882).

Zunächst war auch ein gemauerter Turm in Löbau im Gespräch, aber schließlich entschied sich der Stadtrat für einen Turm aus Gusseisen und hatte offenbar die neusten technischen Entwicklungen in Europa vor Augen. Die Faszination der neuen Baustoffe Stahl und Glas hatte wohl die Löbauer ergriffen. Nicht nur das Palmenhaus im Londoner Kew Garden, das 1844 bis 1848 von Decimus Burton und Richard Turner erbaut worden und der seinerzeit weltweit größte Wintergarten war, sondern auch der anlässlich der Weltausstellung 1851 von Joseph Paxton errichtete Londoner Kristallpalast waren in aller Munde. Die technischen Möglichkeiten waren gegeben, hatte doch bereits am Ende des 18. Jahrhunderts Graf Siegmund Ehrenreich von Redern im Norden der Oberlausitz mit der Ausbeutung der Raseneisenerzlager auf der Bernsdorfer Flur begonnen und eine Konzession zum Bau eines Eisenhüttenwerkes erhalten.

Als der Bau des Turmes in Angriff genommen werden sollte, schien das ehrgeizige Projekt an der Finanzierung zu scheitern. Kurzerhand ergriff der Löbauer Bäckermeister Friedrich August Bretschneider die Initiative und schlug dem Löbauer Rat vor, den Bau des Turmes in eigener Regie zu errichten. Allerdings wollte er alleinig über Ausführung des Turmbaus und über die beteiligten Unternehmen entscheiden sowie ein Nutzungsrecht über Grund und Boden einschließlich einer Gastwirtschaft am Turm für 15 Jahre eingeräumt wissen. Der Löbauer Rat stimmte zu. Für das Vorhaben konnte der sächsische König Friedrich August II. als Schirmherr gewonnen werden. Anlässlich des 57. Geburtstages des Königs wurde am 18. Mai 1854 feierlich der eiserne Grundanker eingesetzt.

Nun konnte mit den Arbeiten am steinernen Sockel ans Werk gegangen werden, in diesem wurden acht Meter tief die tragenden Säulen verankert. Das Hüttenwerk zu Bernsdorf goss in wenigen Monaten 6.000 Einzelteile mit

Der Löbauer Turm nebst Turmgaststätte.

einer Masse von ca. 70 Tonnen. Der Hütteneigner sah dieses Vorhaben als ein Prestigeprojekt und bot es Bretschneider zum Selbstkostenpreis an. Dennoch verfünffachten sich die geplanten Kosten auf 25.000 Taler. Nur vier Monate nach der Grundsteinlegung, am 9. September 1854, wurde der König-Friedrich-August-Turm eingeweiht. Der Unfalltod des Monarchen im August des Jahres 1854 ließ den Turm zu einem Gedenkmonument werden.

Friedrich August Bretschneider hatte sich ganz dem Zeitgeschmack folgend für eine historisierende Form mit gotischen und byzantinischen Motiven entschieden. Eine innenliegende Wendeltreppe mit 119 Stufen führt innerhalb des achteckigen Korpus auf die in gut 25 Metern Höhe gelegene Aussichtsplattform. In den Jahren 1993/94 wurde der Turm einer grundlegenden Sanierung unterzogen. Alle Teile wurden abgebaut, instandgesetzt und schließlich in gleicher Weise wie 1854 wieder montiert.

Der Turm auf dem Löbauer Berg zählt zu den frühen Aussichtstürmen der Oberlausitz und gilt heute als der einzig noch erhaltene gusseiserne Turm der Welt.

37 Schloss Krobnitz als Alterssitz
Albrecht Theodor Emil von Roon

Roon war nicht nur der bedeutendste Heeresreformer seiner Zeit, er beeinflusste neben Moltke und Bismarck auch maßgeblich die preußische Politik in der Mitte des 19. Jahrhunderts.

Das Dorf Krobnitz mit Rittersitz und Vorwerk war seit dem Ausgang des 16. Jahrhunderts für lange Zeit im Besitz der Familie von Nostitz. Als das Gut im Jahre 1721 veräußert wurde, begann eine Phase mehrfachen Eigentümerwechsels, die erst im Jahr 1873 ihr Ende fand. Am 6. September jenen Jahres erwarb der preußische Generalfeldmarschall Graf Albrecht von Roon Schloss und Gut Krobnitz. Roon, damals bereits 70 Jahre alt, hatte sich gerade aus dem politischen Leben zurückgezogen und suchte in der Oberlausitz nach Abstand von Hauptstadt. Zu jener Zeit hatte Albrecht von Roon eine steile militärische und politische Karriere hinter sich. 1803 in Pommern geboren, trat er früh in das preußische Kadettenkorps ein. Bald zeigte sich seine ausgeprägte militärische und wissenschaftliche Begabung. Im Jahre 1844 wurde Roon dem preußischen Prinzen Friedrich Karl als Lehrer und Begleiter zugeteilt. Nach seiner Berufung zum preußischen Kriegsminister im Jahre 1859 leitete er als engster Mitarbeiter Wilhelms I. eine grundlegende Reform der preußischen Heeresverfassung ein. Im Verfassungskonflikt mit der liberalen Mehrheit des Abgeordnetenhauses lancierte Roon 1862 die Berufung Bismarcks zum preußischen Ministerpräsidenten. Roon hatte mit der Reorganisation des preußischen Heeres die Voraussetzungen für die preußisch-deutschen Siege in den Kriegen 1864, 1866 und vor allem 1870/71 geschaffen. In militärisch-politischen Verhandlungen wirkte Roon entscheidend bei den Vorbereitungen zur Gründung des Deutschen Reiches mit. Nach dem Sieg über Frankreich wurde Roon 1871 in den Grafenstand erhoben. Mit der Gründung des Deutschen Reiches übernahm er von Bismarck die Funktion des preußischen Ministerpräsidenten. Am 1. Januar 1873 ernannte der Kaiser ihn zum Generalfeldmarschall. Gesundheitliche Gründe zwangen ihn im November 1873 zur Aufgabe seiner Ämter. Albrecht von Roon ist als militärischer Fachmann in die Geschichtsbücher eingegangen. Er wurde von den Zeitgenossen auch im politisch-parlamentarischen Bereich als glänzender Redner geschätzt.

Nachdem Roon das Gut Krobnitz erworben hatte, ließ er das alte barocke Herrenhaus gründlich umbauen. Vorbild war das Preußische Kriegsministerium an der Leipziger Straße in Berlin. Das alte Gutshaus wurde aufgestockt, erhielt einen Anbau und einen Turm. So entstand ein großzügiges Schloss. Den zum Rittergut Krobnitz gehörigen Park ließ von Roon im englischen Stil anlegen. Vor seinem Schloss in Krobnitz ließ Roon zwei Kanonen aus dem Deutsch-Französischen Krieg 1870/71 aufstellen, die Kaiser Wilhelm I. ihm aus Dankbarkeit geschenkt hatte.

Das Ende des Zweiten Weltkriegs bedeutete auch für die Grafen von Roon

Albrecht von Roon, Fotografie von Carl Günther, 1870.

das Ende des Gutsbetriebs in Krobnitz. Nachdem Graf Hans-Albrecht kurz vor dem Krieg relativ jung verstorben war, verwaltete seine Witwe das Gut. Der Verschleppung auf die Insel Rügen entkam sie mit ihren drei kleinen Kindern durch Flucht in den Westen. Schloss und Gut Krobnitz wurden enteignet. Im Zuge der sogenannten Schlossbergung wurde das Inventar nach Dresden verbracht und dort verteilt, in alle Winde zerstreut.

Nach 1945 bewohnten Flüchtlingsfamilien das Schloss. Mangelnde Baupflege ließ das Gut und das Schloss verwahrlosen und in einen besorgniserregenden Zustand geraten. Der Turm ging verloren, und die Familiengruft, eine neugotische Anlage, wurde aus ideologischen Gründen gegen den Widerstand der Dorfbevölkerung geschleift. Erst nach der Jahrtausendwende gelang es, das Gebäude zu sichern, wieder in den alten Zustand zurückzuversetzen und für eine neue Nutzung herzurichten. Heute betreibt der Schlesisch-Oberlausitzer Museumsverbund hier ein Museum und macht das Haus so der Öffentlichkeit wieder zugänglich.

38 Zittau und seine Baugewerkenschule
Carl August Schramm

Die Zittauer Baugewerkenschule ist programmatisch und äußerlich ein Schrammsches Werk im umfassendsten Sinne. Damit werden bemerkenswerte Parallelen zur Berliner Bauakademie ins Bewusstsein gerufen.

Schramm war nicht nur der Zittauer Architekt, Pädagoge und Baubeamter, sondern er wirkte ab Mitte des 19. Jahrhunderts im sächsischen Teil der Oberlausitz im Geiste der Berliner Schule. Neben den beiden großen Rathausbauten in Zittau und Kamenz hat Schramm sich mit Schul- und zahlreichen Kirchenbauten einen Namen gemacht. Er genoss an der Dresdner Bauschule eine Ausbildung zum Architekten und ging anschließend für vertiefende Studien zu Karl Friedrich Schinkel nach Berlin.

Zu Beginn des 19. Jahrhunderts waren Bauschulen deutschlandweit nur für die Heranbildung höherer Baufachleute und Architekten vorgesehen. 1799 gründeten David Gilly und Johann Albert Eytelwein in Preußen die Berliner Bauakademie. Ein besonderes Bedürfnis, mit „Baugewerkenschulen“ spezielle Ausbildungsstätten für das „mittlere“ und „niedere“ Baupersonal zu schaffen, rief erst das 19. Jahrhundert hervor. Neue Bauaufgaben waren durch Industrialisierung und Bevölkerungswachstum entstanden.

Sachsen kam bei der Einrichtung des neuen Schultyps eine Schrittmacherrolle zu. Nachdem sich Gottfried Semper in die theoretische und praktische Vorbereitung eingeschaltet hatte, nahmen am 15. Oktober 1837 die drei Königlich-Sächsischen Baugewerkenschulen in Dresden, Leipzig und Chemnitz ihren Unterricht auf. Bis dahin existierten solche Schulen nur in München und in Holzminden. In Sachsen jedoch wurden bereits mit der Eröffnung der ersten drei Schulen weitere Gründungen vorbereitet. So verhandelte man auch in Zittau über die Errichtung einer Baugewerkenschule, und 1840 wurde dann dort eine solche eröffnet. Carl August Schramm gehörte dem Lehrkörper der neuen Zittauer Schule von Anbeginn an. Neben seinen Aufgaben als Architekt wandte sich Schramm der Ausbildung des Nachwuchses in besonderer Weise zu. Er unterrichtete im Architektonischen Zeichnen und in den bauwissenschaftlichen Fächern wie Allgemeine Baukunst, Entwurf, Perspektive sowie spezielle Maurer- und Zimmerkunde. In den jährlichen Programmschriften der Schule äußerte er sich über seine fachlichen und pädagogischen Ziele. Im Jahre 1845 entschloss sich die Stadt Zittau, für die Baugewerkenschule ein eigenständiges Gebäude zu errichten. Mit dieser Aufgabe wurde Schramm betraut. So entstand von 1846 bis 1848 mit der Baugewerkenschule Zittau das früheste Gebäude dieser Art in Deutschland. Es spiegelt die gut ein Jahrzehnt zuvor fertiggestellte Schinkelsche Bauakademie in Berlin formal wider.

1855 wurde Carl August Schramm Direktor der Baugewerkenschule, ein Amt, das er bis zu seinem Tode 1869 ausübte.

Die Baugewerkenschule Zittau, 1848 eingeweiht.

Über die Aufgaben der Baugewerkenschulen und ihre Abgrenzung zur akademischen Architektenausbildung wurde in zeitgenössischen Fachblättern kontrovers diskutiert. Carl August Schramm schaltete sich an prominenter Stelle ein, als er 1868 in der „Deutschen Bauzeitung" neben Ludwig Bohnstedt (Gotha) und Karl Wanderley (Höxter) seinen Standpunkt in dieser Frage darlegte.

Die unterschiedlichen Auffassungen von Bohnstedt und Schramm werden ausführlich durch die Schriftleitung diskutiert. Dazu wird bemerkt, dass die Zittauer Schule viel bestimmtere Ziele verfolge als etwa die Anstalt in Holzminden. Schramm macht in seinem Beitrag deutlich, es komme ihm darauf an, Bautechniker auszubilden, die „gründlich gelernt haben und Übung behalten, zugleich aber auch tüchtige Kenner der Baupraxis sind und künstlerische Geschicklichkeiten besitzen". Schramm wendet sich im Gegensatz zu Bohnstedt gegen eine Unterscheidung von Ausbildungsinhalten und verweist damit auf die Rivalität zwischen „gelehrten" und „praktischen" Technikern. Eine Frage, die auch heute aktuell ist.

39 Von Gehwegplatten und Pflastersteinen
Oberlausitzer Granit

Granit ist ein Werkstein, der eine sehr breite Anwendungsgeschichte besitzt und mit der Industriekultur der Oberlausitz eng verbunden ist.

In der Oberlausitz hat es mehrere Orte gegeben, bei denen über die Jahrhunderte hinweg Granit abgebaut wurde. Funde von kleinen Mahlsteinen belegen, dass das Gestein bereits in der späten Bronzezeit Verwendung gefunden hat. Das Material ist sehr fest und spröde und verlangt den Fähigkeiten der Steinmetze einiges ab. Die Steinbrecher spalteten die Werkstücke mit Eisenkeilen und unter Einsatz von Setz- und Vorschlaghämmern. Die feinere Bearbeitung der Rohblöcke blieb spezialisierten Steinbrucharbeitern vorbehalten.

Spätestens ab dem 13. Jahrhundert wurde der Granit in der Oberlausitz für Grabsteine, Taufbecken und Steinkreuze benutzt. Auch bei Tür- und Fenstereinfassungen an Gebäuden fand der Granit seine Verwendung. Steinbrüche sind in der Gegend von Bischofswerda, aber auch bei Bautzen, Kamenz und am Keulenberg überliefert. Ab dem 14. Jahrhundert kam bei Großbauten wie der Kamenzer Stadtkirche St. Marien oder am Bautzener Dom St. Petri das Gestein zum Einsatz.

Im 19. Jahrhundert bis in die erste Hälfte des 20. Jahrhunderts erlebte der Granitabbau in der Oberlausitz seinen Höhepunkt. Entscheidender Schrittmacher dabei war die Eisenbahn. Zum einen benötigte sie für die Viadukte große Mengen an zugearbeiteten Granitsteinen, zum anderen bot sie Möglichkeiten für einen besseren Abtransport des Granits in die weitergelegenen Regionen.

So begann 1845 mit dem Bau des 240 Meter langen Eisenbahnviadukts über das Schwarzwasser für Demitz-Thumitz ein neues Kapitel der Granitgewinnung. Der Lausitzer Granit wurde als Werkstein in viele Städte im Umkreis von Dresden, Chemnitz und Leipzig und durch die Elbschifffahrt in andere Regionen geliefert. Noch heute fördern kleinere Betriebe an verschiedenen Stellen das Gestein. Nicht nur der Abbau von Granit hat in Demitz-Thumitz eine lange Tradition, sondern auch die Ausbildung von Steinmetzen. Am Ende des 19. Jahrhunderts regte die Firma Sparmann die Gründung einer Sonntagsschule zur Wissensvermittlung für Steinmetze an. 1908 wurde daraus eine Lehranstalt, die heute als Sächsische Steinmetzschule weiterhin den Nachwuchs ausbildet.

Ein weiteres bedeutendes Abbaugebiet befand sich im preußischen Teil der Oberlausitz, nördlich und südlich der Gemeinde Königshain. Mehr als 130 Jahre wurde hier Granit gebrochen. Durch seine besondere Struktur eignete sich der Granit gut für Baumaterial und Pflastersteine. Die Abbaustätten sehen auf eine gut 200-jährige Geschichte zurück. Heute zeugen nur das Granitabbaumuseum und zahlreiche Steinbruchlöcher vom früheren Abbau. Für den Bau des 1847 eröffneten Neißeviaduktes der Niederschlesisch-Märkischen Eisenbahn wurden die Vorkommen des Limasbergs, Schwalbenbergs und des

Demitz-Thumitz. Arbeiter im Bruch.

Totensteins ausgebeutet. Der Königshainer Granit wurde unter anderem als Baumaterial für das Reichstagsgebäude in Berlin und dem Leuchtturm auf Kap Arkona verwandt. Bereits 1842 wurden Platten für Bürgersteige in Görlitz gefertigt, aber auch nach Berlin, u.a. für die Gehsteige am Königlichen Schloss, geliefert. Selbst für die Uferschutzmauer der Insel Helgoland wurde das Material verwendet. Nach 1945 wurde der Granit für den Bau der Berliner S-Bahnhöfe und für das Berliner Dynamo-Stadion geliefert. Auch das sowjetische Ehrenmal in Berlin-Treptow wurde mit Königshainer Granit gebaut.

Die Eröffnung der Görlitzer Kreisbahn nach Weißenberg über Königshain im Jahre 1905 erleichterte den Abtransport des Granits und beförderte noch einmal den Abbau des Gesteins. 1975 schloss der letzte der Steinbrüche, und heute erhält der Besucher des Gebietes im Granitabbaumuseum Königshain einen Einblick in die Prozesse der einstigen Abbautätigkeit.

40 Süßes aus der Oberlausitz
Die Pfefferküchlereien

In Pulsnitz leben die Pfefferküchler ganzjährig vom Handwerk der Pfefferkuchenbäckerei, deren Produkt inzwischen deutschlandweit beliebt ist.

Wie so oft gibt es unterschiedliche regionale Bezeichnungen derselben Köstlichkeit. Den Begriff Lebkuchen findet man im Süden, Westen und Norden Deutschlands, in süd- und westdeutschen Regionen findet sich auch der Begriff Labekuchen, Leckkuchen oder Lebenskuchen. Im östlichen Deutschland und so auch in der Oberlausitz heißt es dagegen Pfefferkuchen. Die Herkunft und Deutung des Begriffes ist hingegen schwierig. Pfefferküchler sind Bäcker, die Pfefferkuchen backen.

Lebkuchen enthalten viel Sirup oder Honig als Süßungsmittel. Hingegen werden nur wenig Wasser, Milch und Fett zugegeben. Der Lebkuchen ist trocken und zuckerreich und somit lange haltbar. Typisch sind die kräftigen Gewürze wie Anis, Fenchel, Ingwer, Kardamom, Koriander, Macis, Muskat, Nelken, Piment und Zimt. Aber auch in der Herstellung gab es seit alters her große Unterschiede. Die nur mit Roggenmehl gebackenen Lebkuchen galten als die „Gewöhnlichsten", und die aus Weizenmehl hergestellten galten als „Nürnberger Pfefferkuchen". Die Grundteige bestanden in der Regel aus Roggenmehl, Honig und Sirup. Sie müssen lange lagern, bis eine Milchsäuregärung einsetzt. Durch anschließendes zeitaufwendiges Kneten mit den Händen wird der Teig durchgearbeitet. Gewürze und Backtriebmittel kommen hinzu. Mit dem Backen entsteht dann der Lebkuchen. Wenn die Lebkuchen dann noch über dem Backofen hart gedörrt werden, entsteht ein fast unbegrenzt haltbares Gebäck.

Bereits 1654 wird der Name „Pfefferküchler" für die Herstellung des Pfefferkuchens urkundlich erwähnt. Auf dem Dresdner Striezelmarkt waren die Pulsnitzer Pfefferküchler ab 1655 mit ihren Waren vertreten. Im Jahre 1745 kehrte der Bäcker Tobias Thomas von seiner Wanderschaft nach Pulsnitz zurück. In seinem Gepäck hatte er neue Rezepte und Ideen, die er in Pommern eingesammelt hatte. Dies gab der Pfefferküchlerei neuen Auftrieb. Ab Mitte des 19. Jahrhunderts entwickelte sich dann in Pulsnitz die typische Pfefferküchlerei. Die Produkte wurden an Markttagen in den umliegenden Städten und Dörfern angeboten. Sogar in die weiter entfernt liegenden Städte reiste man, um Pfefferkuchen feilzubieten. Einige Pfefferküchler waren auf zahlreichen großen Industrie- und Gewerbeausstellungen, so u.a. 1885 in Görlitz, vertreten und erhielten Preismedaillen für ihre Produkte. Der Dresdner Hof ernennte zwei Pulsnitzer Pfefferküchler zu Hoflieferanten.

Pfefferkuchen sind sehr beliebt, und es ist kein Wunder, dass es immer wieder Streit um die Herstellung und vor allem um den Verkauf der süßen Köstlichkeiten gab. So beschwerten sich im Jahre 1720 die Dresdner Weißbäcker sowie Pfeffer- und Lebküchler über die Pfefferküchler aus

Blick in das Pfefferkuchenmuseum Pulsnitz.

Pulsnitz, um ein Verkaufsverbot von deren Waren auf dem Dresdner Striezelmarkt zu erreichen. Der Dresdner Rat erließ im November 1720 ein Verbot, das allerdings nicht für die Pulsnitzer Pfefferküchler gelten sollte. Ein Kamenzer Pfefferküchler legte Einspruch ein und rief den Kurfürsten an. Dieser gestattete dann wieder allen Pfefferküchlern den Besuch des Striezelmarktes.

Im Jahre 1919 lösten sich die Pulsnitzer Pfefferküchler ab und begründeten eine eigene Innung, wurden aber in der NS-Zeit wieder an die Konditoren angeschlossen. Zu DDR-Zeiten blieben Pulsnitzer Pfefferküchler Privatunternehmer. Im Jahre 1997 wurde die Innung der Pulsnitzer Pfefferküchler in alter Tradition wiederbelebt. Pulsnitz nennt sich noch heute zusätzlich Pfefferkuchenstadt, und der Pulsnitzer Pfefferkuchen ist ein geschützter Name.

Aber auch in Weißenberg gab es einst eine Pfefferküchlerei. Das Haus am Marktplatz ist heute das einzige museal genutzte Denkmal des Pfefferküchlerhandwerks in Europa. Es zeigt die Entwicklung der Festtagsbäckerei vom 17. bis in das 20. Jahrhundert. Dazu gehören der Laden, die Backstube mit den historischen Handwerksgeräten und das Backhaus mit der offenen Knüppelesse.

41 Auf schmaler Spur ins Zittauer Gebirge
Zittau-Oybin-Jonsdorfer Eisenbahn

Für die touristische Erschließung des Zittauer Gebirges spielte die Schmalspurbahn eine bedeutende Rolle. In ihrer 100-jährigen Geschichte erlebte sie Höhen und Tiefen.

Der Anschluss an das Eisenbahnnetz ist immer auch eine Entscheidung für die wirtschaftliche Entwicklung einer Stadt und einer Region gewesen. In der Oberlausitz spielte dabei auch die preußisch-sächsische Grenze, die sich quer durch die Landschaft zog, eine Rolle. Die Stadt Zittau erhielt 1848 ihren Eisenbahnanschluss von Löbau her. Gut elf Jahre später verband eine Bahnstrecke Zittau mit der böhmischen Metropole Reichenberg (Liberec/Tschechien), und erst 1875 wurde die Bahnstrecke in das preußische Görlitz in Betrieb genommen. Obwohl der Ausflugsverkehr ins Zittauer Gebirge zunahm, fand eine Verbindung nach Oybin bei den Eisenbahngesellschaften kein Interesse. Vielmehr wurde 1883 mit dem Bau der Schmalspurbahn Zittau–Reichenau begonnen. Vermutlich steckten wirtschaftliche Interessen hinter der massiven Zurückhaltung. Es war der Publizist und Regionalforscher Alfred Moschkau, der sich für eine Schmalspurbahn einsetzte und mit 17 Interessierten ein Komitee gründete. Bis mit den Planungen begonnen werden konnte, waren einige Schwierigkeiten zu überwinden und eine Kaution zu stellen. Mit dem Geld der Gastwirte und Fabrikanten konnten die Projektierungsarbeiten bezahlt werden. Für die Finanzierung des Bahnbaus gründete sich im August 1888 die Zittau-Oybin-Jonsdorfer Eisenbahn-Gesellschaft mit einem Kapital in Höhe von 1,5 Millionen Mark. Am 28. März 1889 wurde die Konzession zum Bau erteilt. Zwar durfte die Gesellschaft die Strecke nach Reichenau bis zum Streckenkilometer 1,65 mitnutzen, dennoch waren 14 Kilometer Gleise zu verlegen. Die feierliche Streckeneröffnung fand am 24. November 1890 statt. Die Betriebsführung übernahmen von Anfang an die Königlich-Sächsischen Staatseisenbahnen. Am 7. August 1904 kam es zu einem schweren Unfall, bei dem neun Personen schwer verletzt wurden, als zwischen Bertsdorf und Oybin zwei Züge zusammenstießen.

Bereits 1898 versuchte die Eisenbahngesellschaft, die Schmalspurbahn wegen des schlechten Betriebsergebnisses für 1,6 Millionen Mark an den sächsischen Staat zu veräußern. Schließlich konnte die Schmalspurbahn erst 1906 für 770.000 Mark an den Staat verkauft werden.

Die Passagierzahlen nahmen rasch zu. Vor allem an Sonn- und Feiertagen und während der Sommerferien wurden hohe Auslastungen erzielt. Gleichzeitig suchte man nach Verbesserungen des Bahnbetriebes. Schließlich wurde der 7,8 Kilometer lange zweigleisige Ausbau der Strecke einschließlich der Bahnhöfe Zittau Vorstadt sowie die Streckenverlegung in Olbersdorf zur Beseitigung eines Bahnübergangs von beiden Kammern des sächsischen Landtages genehmigt. Der

Personenzug mit einer Dampflok der Baureihe 99 im Bahnhof Bertsdorf.

zweigleisige Betrieb wurde am 15. April 1913 aufgenommen. An guten Tagen wurden so 5.000 bis 7.000 Personen befördert. Die Zittauer Schmalspurbahn war nun neben der Borkumer Kleinbahn, der Rhein-Haardt-Bahn und der Bahnstrecke Mannheim–Weinheim eine der wenigen Schmalspurbahnen in Deutschland mit zweigleisigem Betrieb.

Kriegsbedingt wurde in den Jahren 1943/44 das zweite Streckengleis auf dem Abschnitt Bertsdorf–Kurort Oybin wieder abgebaut und nach Kriegsende im Herbst 1945 auch das zweite Gleis zwischen Zittau Vorstadt und Bertsdorf demontiert.

Mit der geplanten Erweiterung des Braunkohletagebaus um Olbersdorf geriet die Schmalspurbahn abermals in Not. Im Jahre 1981 wurde beschlossen, den Reiseverkehr ab Herbst/Winter 1990 einzustellen. Die Eisenbahn wurde deshalb aus der Liste der zu erhaltenden Schmalspurbahnen gestrichen. Mit den politischen Veränderungen entfiel die Erweiterung des Olbersdorfer Tagebaus, und so konnte das 100. Jubiläum der Strecke im Mai 1990 gefeiert werden. Seit dem 1. Dezember 1996 betreibt die Sächsisch-Oberlausitzer Eisenbahngesellschaft die Strecke als private Gesellschaft.

42 Der Pionier des industriellen Bauens
Konrad Wachsmann

Die Kolonie der Brüdergemeine Niesky stieg mit den Häusern der Moderne zu einer weltbekannten Holzbaustadt auf. Der geistige Vater war Konrad Wachsmann.

Zu Beginn des 19. Jahrhunderts veränderte sich mit dem Fortschreiten der industriellen Revolution das Bild der Städte. Die Bauwirtschaft, vor allem der Wohnungsbau, wurde mit dem stetigen Zuwachs der Bevölkerung vor immer neue Herausforderungen gestellt. Spätestens nach der Jahrhundertmitte entstand der Traum vom industriellen Bauen. Vorgefertigte Bauelemente schneller zu montieren und die kritischen Zeiten des Baugeschehens zu verkürzen, stand dabei im Vordergrund. Zunächst waren Baracken im Fokus, deren Vorzüge sich bei der Versorgung von Kranken und Verwundeten in den Kriegen 1864, 1866 und 1871 deutlich zeigten. So entwarf der dänische Rittmeister Johann Gotthard Clemens Doecker eine leichte Sanitäts- und Lazarettbaracke aus vorgefertigten Bauteilen, die 1883 eine Goldmedaille auf der Berliner Hygieneausstellung gewann. Vor diesem Hintergrund gründeten der Tischler Christian Ferdinand Christoph und der Architekt Christian Rudolf Unmack aus Dänemark im Jahre 1882 in Kopenhagen ein Unternehmen zur Herstellung der Doeckerschen Baracken. Schon 1885 trug das Unternehmen beim Barackenwettbewerb auf der Weltausstellung in Antwerpen den Sieg davon. Ein Großauftrag des preußischen Militärs ließ das Unternehmen bereits wenige Jahre später den Firmensitz von Kopenhagen nach Niesky verlegen, einem Dorf, das Siegmund August von Gersdorf 1742 als Kolonie der Herrnhuter Brüdergemeine gegründet hatte. Die günstigen Bedingungen, nicht zuletzt der Waldreichtum hatten wohl die Standortentscheidung des Unternehmens beeinflusst. Neben der Barackenproduktion wandte sich das Unternehmen auch der Herstellung einfacher Holzhäuser zu. Inzwischen hatte die Baracke nicht nur als Lazarett, sondern auch „als geschätztes und viel gebrauchtes Unterkunftsmittel“ an Bedeutung gewonnen. Der geschäftliche Erfolg führte schließlich 1898 zur Umwandlung in eine Aktiengesellschaft mit Zweigwerken u.a. in Polen und Frankreich. Zu Beginn des 20. Jahrhunderts war Christoph & Unmack zur größten Firma für industriell vorgefertigte Holzbauten emporgewachsen und Niesky zum Zentrum des modernen Holzhausbaus aufgestiegen. Architekten wie Hans Scharoun, Henry van de Velde, Albin Müller und Hans Poelzig interessierten sich für die Möglichkeiten des Bauens mit vorgefertigten Bauelementen. Poelzig war es auch, der seinem einstigen Schüler Konrad Wachsmann (1901–1980), einem mittellosen jüdischen Architekten, 1926 eine Stelle im Unternehmen verschaffte. Wachsmann, der zuletzt in Berlin lebte, war zunächst wenig begeistert über den Umzug in das Dorf, aber erkannte sehr schnell das enorme Potential des Holz-

Niesky. Ehemaliges Direktorenhaus und heute als Museum genutztes Konrad-Wachsmann-Haus, 1927.

baus und die technischen Möglichkeiten des Unternehmens und war begeistert von der Geschwindigkeit der industriellen Bauweise. Wachsmann verbesserte die Bauten technisch und ästhetisch und stieg zum leitenden Architekten auf. Niesky zählt heute noch allein über 100 Wohnhäuser und eine Kirche, die allesamt aus Holz von der Firma Christoph & Unmack errichtet wurden. Am Ende seiner Zeit bei Christoph & Unmack wurde Wachsmann 1929 mit dem Bau des Sommerhauses für Albert Einstein in Caputh international bekannt. Nach der Machergreifung der Nationalsozialisten war es Einstein, der, gemeinsam mit Walter Gropius, Konrad Wachsmann 1941 die Flucht in die USA ermöglichte. Wachsmann blieb bis zu seinem Lebensende dem Holzbau verbunden und gilt als großes Genie in seinem Fach.

„Alles, was dann kam und in Berlin, New York, Tokio, Chicago, London, Moskau, Paris, Rom, Zürich oder Warschau geschah, das alles begann in Niesky, einem Dorf der Herrnhuter Brüdergemeine. In dieser Holzhausfabrik entdeckte ich den Weg, der mich zum Wendepunkt im Bauen führte.“

43 Gläser von berühmten Designern

Weißwasser

Die Stadt erlebte zu Beginn des 20. Jahrhundert eine beachtliche Entwicklung und stieg als Zentrum der Glasherstellung zum bedeutendsten Standort der Glasindustrie Europas auf.

Am nördlichen Rand der Oberlausitz liegt Weißwasser. Das kleine Heidedorf wandelte sich ab dem letzten Drittel des 19. Jahrhunderts zu einem Zentrum der Glasindustrie. Durch die geologischen Gegebenheiten des Muskauer Faltenbogens gab es reiche Vorkommen an Quarzsand, Ton, Holz und Braunkohle. Die wichtigsten Rohstoffe für die Produktion von Glas, feiner Glassand und anfangs Holz, später Braunkohle, konnten direkt vor Ort abgebaut werden. Auch der Bahnanschluss von Weißwasser mit der 1867 eingeweihten Eisenbahnstrecke Berlin–Görlitz beförderte die industrielle Entwicklung des Ortes. Lange Zeit prägte die Handarbeit das Glasgewerbe. Mit der industriellen Revolution ab der Jahrhundertmitte wandelte sich dies zur Industrieproduktion. Die Grundlagen dafür legten Otto Schott und Ernst Abbe in Jena.

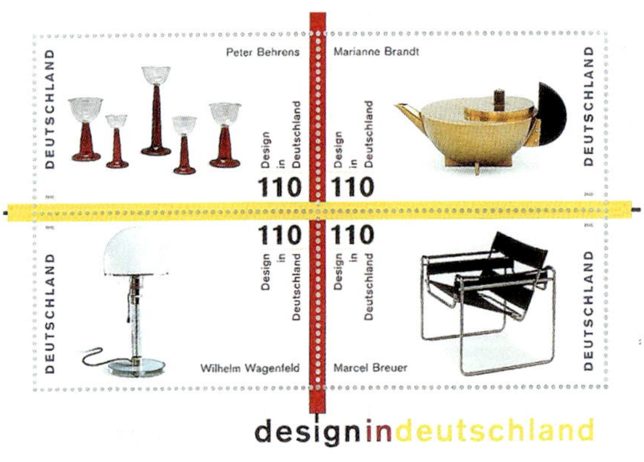

Im Februar 1873 wurde das erste Glas in Weißwasser geschmolzen, und 1903 zählte man bereits elf Glashütten. Der Zustrom der Arbeitskräfte ließ den Ort förmlich aus den Nähten platzen. Noch in den 1860er-Jahren zählte Weißwasser gut 550 Einwohner. Diese Zahl stieg auf knapp 12.000 im Jahr 1910. Weißwasser wurde Anfang des 20. Jahrhunderts zum weltweit bedeutendsten glasproduzierenden Ort. Auch die Orte in der Umgebung nahmen Anteil an dieser Entwicklung, so u.a. auch die Penziger Glashütte von Richard Süßmuth. 47 Glasbetriebe zählte das Umfeld von Weißwasser. Vom Fensterglas bis hin zum geschliffenen Kristallglas wurde hier alles hergestellt. Von Bedeutung war auch die Produktion von Glaskolben für den Zweig der aufkommenden Beleuchtungsindustrie, insbesondere für AEG bzw. Osram.

Im Jahre 1889 gründete Joseph Schweig die Oberlausitzer Glaswerke J. Schweig + Co. In den ersten Jahren wurden technische Gläser und ab 1908 Kelchgläser hergestellt. Ab 1920 firmierte das Unternehmen unter dem Namen Vereinigte Lausitzer Glaswerke AG. Die Glaskolbenherstellung wurde zum Ende der zwanziger Jahre nach Berlin verlegt. In Weißwasser verblieb der designorientierte Bereich des Unter-

Briefmarke „Design in Deutschland" mit einer Würdigung von Wilhelm Wagenfeld. 1998.

Der sogenannte Neufert-Bau im Zentrum von Weißwasser.

nehmens. Bis zum Ausbruch des Zweiten Weltkrieges waren die Vereinigten Lausitzer Glaswerke der größte Kelchglasproduzent Deutschlands.

Im Jahre 1935 wurde der Bauhaus-Schüler Wilhelm Wagenfeld künstlerischer Leiter der Firma. Wagenfeld zählt zu den Pionieren des Industriedesigns. Sein Design zeichnet sich durch zeitbeständige Gestaltung und Funktionalität aus. Wagenfeld prägte in den folgenden Jahren maßgeblich das Design der Gläser. Kurz darauf kam noch ein Bauhäusler nach Weißwasser. In den Jahren 1934 bis 1944 war Ernst Neufert Hausarchitekt der Vereinigten Lausitzer Glaswerke. Neufert arbeitete u.a. eng mit Walter Gropius an den neuen Bauhausbauten in Dessau und den Meisterhäusern für Wassily Kandinsky, Paul Klee und Georg Muche. In Weißwasser entwarf er das Direktorenwohnhaus Dr. Kindt und übernahm den Entwurf und die Bauleitung von Siedlungen und Fabrikanlagen in dem Ort. In dieser Zeit entstand auch 1936 seine „Bauentwurfslehre. Handbuch für den Baufachmann, Bauherren, Lehrenden und Lernenden“, das heute noch als Standardwerk geschätzt wird und in 18 Sprachen übersetzt wurde.

Und noch ein Ereignis: Im Jahre 1890 errichtete Forstmeister Walter Seitz südlich von Weißwasser auf einer Anhöhe einen hölzernen, ca. 18 Meter hohen Turm zur Überwachung von Waldbränden und erhielt 1902 das deutsche Reichspatent für den weltweit ersten Feuerwachturm. Diese Erfindung stellte er 1904 auf der Weltausstellung in St. Louis vor.

Nach dem Zweiten Weltkrieg kam Weißwasser bis zum Ende der DDR zum „Kohle- und Energie-Bezirk“ Cottbus. Seit 1990 gehört die Stadt zum Freistaat Sachsen. Die Vereinigten Lausitzer Glaswerke bestehen als Stölzle Lausitz GmbH bis heute fort.

44 Die Einheit unter der grünen Kuppel
Die Oberlausitzer Gedenkhalle

Einst als Denkmal für den Gründer des Zweiten Deutschen Reiches errichtet, war sie zum Symbol der wiedervereinten Oberlausitz geworden und zugleich auch Stätte der musealen Traditionen in Görlitz.

Die Entstehung der Oberlausitzer Gedenkhalle ist eingebettet in die politischen Ereignisse des letzten Drittels des 19. Jahrhunderts. Am 18. Januar 1871 wurde im Schloss Versailles die Gründung des deutschen Kaiserreiches vollzogen. Wilhelm I., der preußische König, wurde als deutscher Kaiser zum Symbol dieser Reichseinigung. Nach seinem Tode im Jahre 1888 sollten ihm überall in Deutschland Denkmäler errichtet werden. Die Vorstellungen reichten von Reiterstandbildern über Ruhmeshallen bis hin zu Gedächtniskirchen. Auch in Görlitz beriet ein Komitee über eine angemessene Ehrung. Noch bevor eine Entscheidung fiel, starb am 15. Juni 1888 Kaiser Friedrich III., der Sohn und Nachfolger Wilhelms I. Dies veranlasste nun einige Ausschussmitglieder, die Errichtung einer Ruhmeshalle zur Verehrung beider Kaiser zu favorisieren.

Am Ende des Jahres 1888 veröffentlichte das Komitee seinen Aufruf zur Errichtung der Ruhmeshalle. Für seine Absichten fand das Komitee eindringliche Worte: „Die ganze Oberlausitz will ihre Dankbarkeit bezeugen. Die Grenzen zwischen Sachsen und Preußen haben durch die Gründung des Deutschen Reiches ihre trennende Bedeutung verloren."

Die Vorbereitungen für den Bau der Ruhmeshalle gingen voran. Am 11. Mai 1897 veröffentlichte das Komitee die Ausschreibung zum Architekturwettbewerb. Als Preisrichter in diesem Architekturwettbewerb traten u.a. der Königliche Baurat Heino Schmieden aus Berlin und der Geheime Regierungs- und Baurat von Zschock aus Liegnitz auf. Den ersten Preis erzielte Hugo Behr, Oberlehrer an der Königlichen Baugewerkschule zu Höxter. Der Entwurf Hugo Behrs war getragen von dem Zeitgeist und der architektonischen Mode jener Jahre. Der Berliner Reichstag, in den Jahren 1884 bis 1894 nach einem Entwurf des Frankfurter Architekten Paul Wallot errichtet, war hinsichtlich der Grundrisslösung und der verwendeten Architekturelemente für zahlreiche repräsentative Bauten jener Jahre Vorbild, so auch für den Görlitzer Bau. Im Januar 1898 wurde Hugo Behr nach Görlitz versetzt und konnte sich nun in vollem Umfange seinem Projekt widmen. Bereits zwei Jahre später, am 25. August 1900, konnte das Richtfest gefeiert werden.

Der Bau verschlang insgesamt 527.600 Mark. Weitere 24.600 Mark wurden für den Ankauf der Standbilder und Büsten aufgewandt. Der Züricher Kommerzienrat Gustav Henneberg stellte 100.000 Mark als „Karl-Gustav-Hennebergschen Kunstfond" zur Verfügung, und von dem Görlitzer jüdischen Kaufmann Martin Ephraim gingen 50.000 Mark am Einweihungstage in den Besitz des Kunstfonds der Ruhmeshalle über.

Die Oberlausitzer Gedenkhalle.

Der Tag der Einweihung war der 28. November 1902. In seiner kurzen Ansprache äußerte Kaiser Wilhelm II. seine Bedenken hinsichtlich des Namens „Ruhmeshalle“ und meinte, die Bezeichnung Gedenkhalle wäre besser am Platze. Dem offiziellen Teil schloss sich ein kurzer Rundgang durch die Räume an.

Mit der Verlagerung der Sammlungen des städtischen Museums für Altertum und Kunst vom Jüdenring nach der Oberlausitzer Gedenkhalle und mit der Inbesitznahme der für den Lausitzer Kunstverein vorgesehenen Räume erhielt das Gebäude die geplante Funktion. Mit dem Ende des Zweiten Weltkriegs geriet es unter polnische Verwaltung und erfüllt seit 1949 die Funktion des Stadtkulturhauses von Zgorzelec. Die Plastiken im Innenraum verließen ihren Sockel, die Inschriften wurden überputzt, der Reichsadler verschwand. Den polnischen Behörden ist heute ein weitgehend sorgsamer Umgang mit der Substanz zu danken. Das Bauwerk hat nach wie vor seine städtebauliche Wirkung, und auch im Inneren atmet es, abgesehen von einigen sekundären Einbauten, noch den wilhelminischen Zeitgeist.

45 Von Talsperren und alten Grenzfesten
Goldentraum

Im Vorland des Isergebirges liegen die kleinen Dörfer und Städte des Queiskreises in einer malerischen Landschaft.

Im südöstlichsten Zipfel der Oberlausitz findet sich das kleine Städtchen Marklissa (Leśna, pol.), Teil des ostoberlausitzischen Queiskreises. Es liegt im Vorland des Isergebirges, am linken Ufer des Queis. Vermutlich wurde Marklissa erst nach der Mitte des 13. Jahrhunderts gegründet, war böhmisches Herrschaftsgebiet und wurde nach der Einigung zwischen Johann von Böhmen und Heinrich von Jauer der Bautzener Vogtei unterstellt. Nach dem Prager Frieden 1635 fiel der Queiskreis wie die ganze Oberlausitz an das evangelische Kurfürstentum Sachsen. In Böhmen mussten die Bewohner aufgrund der Bestimmungen des Westfälischen Friedens 1648 zum katholischen Glauben zurückkehren oder das Land verlassen. Dadurch wurde die nunmehr sächsische Oberlausitz zu einem Einwanderungsgebiet für Glaubensflüchtlinge aus Böhmen und Schlesien. Die Kirchen von Friedersdorf am Queis (Biedrzychowice, pol.) und Nieder Wiesa (Wieża, pol.), beide unweit von Greiffenberg (Gryfów Śląski, pol.), dienten nun als sogenannte Grenzkirchen für evangelische Schlesier bzw. wurden in den 1660er-Jahren für diese errichtet. In Rengersdorf (Stankowice, pol.) und Ober Wiesa wurden Zufluchtskirchen errichtet. Für die Ankömmlinge im Raum Marklissa gründete der Grundherr Christoph von Nostitz das Städtchen Goldentraum. Mit dem Städtchen hoffte der Grundherr seine Wirtschaft anzukurbeln. Der Name geht auf die Hoffnung von reichen Goldfunden im Flüsschen Queis zurück. Nach dem Wiener Kongress 1815 fiel die Ostoberlausitz an Preußen. Das Gebiet wurde an die Provinz Schlesien angeschlossen und dem Landkreis Lauban zugeschlagen, und dem Städtchen Goldentraum wurde aufgrund seiner kümmerlichen Entwicklung bald darauf der Status einer Stadt entzogen.

Bekannt geworden ist der Ort durch die Marklissa-Talsperre. Immer wieder berichteten die Chroniken, wie das liebliche Queistal von verheerenden Hochwasserkatastrophen heimgesucht wurde. Das Hochwasserschutzgesetz aus dem Jahre 1900 sah eine Reihe von Maßnahmen vor. Die Marklissa-Talsperre wurde in den Jahren 1901 bis 1905 erbaut. Die 45 Meter hohe Staumauer aus Bruchsteinmauerwerk ist eine typische Mauer nach dem Intze-Prinzip, eine Konstruktionsart nach Wasserbau-Ingenieur Otto Intze. Viele Bauarbeiter für diese Staumauer wurden aus Italien und Tirol rekrutiert. Die etwas jüngere Talsperre Goldentraum (Jezioro Złotnickie, pol.), nur wenige Kilometer flussaufwärts, wurde von 1919 bis 1924 gebaut. Die Staumauer, eine gekrümmte Gewichtsstaumauer, ist 36 Meter hoch und besteht auch aus Bruchsteinmauerwerk. Der an dieser Stelle aufgestaute Queis umfasst eine Wasserfläche von ca. 125 Hektar und ist 8 km lang. Der Stauinhalt beträgt ca. 10,5 Millionen m^3. Das 1922 errichtete Wasserkraftwerk ist noch

Die Staumauer der Marklissa-Talsperre.

heute in Betrieb und hat eine Leistung von etwa 4.500 kW.

Ganz in der Nähe liegt die Burg Tzschocha (Zamek Czocha, pol.), eine Höhenburg. Sie entstand vermutlich als Grenzfeste der zu Böhmen gehörenden Oberlausitz gegen das benachbarte Schlesien. Die Burganlage wurde mehrfach umgebaut, so u.a. unter Johann von Nostitz im Stil der Renaissance. Das heutige Erscheinungsbild gleicht beinahe dem neogotischen Fantasiegebilde einer mittelalterlichen Idealburg. Die Pläne stammen von dem bekannten Architekten und Architekturhistoriker Bodo Ebhardt, der dann auch von 1922 bis 1935 in der Oberlausitz die Wiederherstellung des Schlosses Gröditz bei Weißenberg leitete. Auftraggeber des Um- und Neubaus zwischen 1912 und 1914 war Ernst Gütschow, der Generaldirektor der bekannten Dresdener Zigarettenfabrik Georg A. Jasmatzi, der die Burg bis Kriegsende 1945 bewohnte.

Nach dem Zweiten Weltkrieg ging Marklissa mit den Talsperren und der Burg Tschocha im polnischen Territorium auf. Die Burg Tschocha erlitt durch Plünderungen Schäden. Ab 1952 diente sie als Freizeitzentrum für Militärangehörige. Sie ist seit 1996 zugängig und beherbergt ein Hotel.

46 Ein Gründervater des jüdischen Staates
Arthur Biram

Der hochgebildete Philosoph und Philologe Biram war Gründer einer elitären Schule, der Reali-Schule in Haifa. Sie spielt eine gewichtige Rolle in der Entwicklung der zionistischen paramilitärischen Untergrundorganisation in Palästina.

Arthur Biram wurde am 13. August 1878 in Bischofswerda als Sohn des wohlhabenden Textilkaufmanns Adolph Biram und seiner Frau Eva geboren. Adolph Biram galt als ein ausgewiesener Anhänger von Theodor Herzl. Der Traum des Vaters war es, dass sein Sohn Rabbi in einem eigenen Staate des jüdischen Volkes werden solle. Im Alter von sieben Jahren zog die Familie nach Dresden. Dort besuchte er die Bürgerschule und das Evangelische Kreuzgymnasium, dessen Rektor der Altphilologe Heinrich Stürenburg war. Mit der Obertertia wechselte er an das humanistische Gymnasium in Hirschberg. Nach der Reifeprüfung studierte er ab 1897 an der Universität Berlin klassische und semitische Sprachen und Philosophie, u.a. bei dem Orientalisten Eduard Sachau und dem klassischen Philologen Ulrich von Wilamowitz-Moellendorff. In dieser Zeit engagierte er sich in zionistischen Studentenvereinen. Im Jahre 1902 wurde er mit einer arabisch verfassten Dissertation an der Universität Leipzig promoviert. Daran schloss sich ein Studium an der Hochschule für die Wissenschaft des Judentums in Berlin an, wo er sich zum Rabbiner ausbilden ließ und später an das Gymnasium zum Grauen Kloster ging. Am ältesten und bedeutendsten Gymnasium Berlins lehrte er Sprache und Literatur.

Im Jahre 1913 emigrierte er in das noch osmanische Palästina. Unmittelbar vor dem Ausbruch des Ersten Weltkrieges war in Haifa geplant, eine Eliteschule zu gründen. So gründete Biram in Haifa die Hebräische Reali-Schule und wurde deren erster Direktor. Er verfolgte einen ganzheitlichen Bildungsansatz. Sprachen, Sport und die Landwirtschaft sollten eine Einheit bilden. Mit dem Kriegsausbruch 1914 wurde er zum Kriegsdienst ins Deutsche Heer einberufen. Er war in Afula stationiert, wo die Einheiten des deutschen Asienkorps am Bahnhof Afula lagerten und auch ein Feldlazarett und eine Telegraphenstation unterhielten. Afula liegt heute im Norden Israels, unweit des Berges Tabor.

Nach Kriegsende wieder an die Schule zurückgekehrt, versuchte er, die reformpädagogischen Grundsätze von Gustav Adolf Wyneken und Georg Kerschensteiner einzuführen. Der Erfolg blieb ihm versagt. 1924 heiratete er die erst vier Jahre zuvor eingewanderte Hanna Tomaszewski. Aus der Ehe gingen zwei Söhne hervor.

Er stand mit David Ben-Gurion, der mit der Verkündung der israelischen Unabhängigkeitserklärung am 14. Mai 1948 den modernen Staat Israel ausrief, und auch mit Albert Einstein in Verbindung. Sein Schüler war Ezer Weizmann, der von 1993 bis 2000 als Staatspräsident Israel repräsentierte. Das Massaker von

Arthur Biram im Jahre 1928.

Hebron im Jahre 1929 hinterließ auch bei Biram tiefe Spuren. Die Unruhen von 1936 führten zu einer Ausweitung der Aktivitäten. Im Jahre 1937 legte Biram das Hagam-Programm, ein Ausbildungsprogramm für Schüler zum erweiterten körperlichen Training, vor. Danach wurde das Programm auch für Mädchen in den oberen Klassen obligatorisch.

Im Jahre 1943 gründete er an der Reali High School ein Lehrerseminar, das er auch leitete, trat aber 1948 von seinem Amt zurück. Die von Biram gegründete Reali Haifa erwarb sich den Ruf, Kaderschmiede der israelischen Armee zu sein. Im Jahre 1953 wurde auf Birams Anregung neben der Reali-Schule in Haifa ein Internat zur Vorbereitung von Schulabsolventen auf eine Armeekarriere geschaffen.

Biram begleitete die jüdische Bevölkerung über die Jahre des britischen Mandats und in zwei Jahrzehnten des Bestehens des Staates Israel. Er schrieb mehrere Bücher zur Geschichte des Judentums und der Bibel. Für seine Verdienste wurde Arthur Biram mit der Ehrenbürgerschaft Haifas und 1954 mit dem Israel-Preis, der höchsten Auszeichnung Israels, ausgezeichnet. Arthur Biram starb am 5. Juni 1967 in Haifa.

47 Die Rakete in der Landstadt
Klaus Riedel

Klaus Riedel zählt zu den Pionieren der Raumfahrt. Seine ersten Versuche mit einer Rakete fanden auf einem Feld im Eigenschen Kreis statt.

Die kleine Landstadt Bernstadt a. d. Eigen liegt halbwegs zwischen Zittau und Löbau. Das beschauliche Stadtbild ist vor allem durch eine nach dem Stadtbrand des Jahres 1828 entstandene klassizistische Bebauung geprägt.

Im Jahre 1930 fand hier in aller Stille etwas Außergewöhnliches statt. Der deutsche Raketenkonstrukteur Klaus Riedel suchte für seine Versuche die Abgeschiedenheit des ländlichen Raumes und kam mit seinen Mitarbeitern zu seiner Großmutter Meta nach Bernstadt.

Riedel wurde 1907 in Wilhelmshaven geboren, wurde Elektriker und ging nach dem Tode seiner Eltern nach Berlin und studierte Maschinenbau. Schon als Kind, angeregt vom 1897 erschienenen Roman „Auf zwei Planeten“, träumte er von der Raumfahrt. Kurd Laßwitz, der Autor des Buches, hatte es als promovierter Physiker verstanden, Raumfahrtvisionen zu entwickeln. Er gilt als Begründer der deutschsprachigen Science-Fiction. Aber schließlich war es wohl das 1923 erschienene Buch „Die Rakete zu den Planetenräumen“, das Riedel zur Raketentechnik führte. Der Gymnasiallehrer aus dem siebenbürgischen Mediasch Hermann Oberth legte in der Abhandlung die Grundlagen für einen Raketenflug ins Weltall. Er gilt international als einer der Väter der Raumfahrt. Das Buch löste ein Raketenfieber aus. So entstand 1927 in Breslau der wissenschaftliche „Verein für Raumfahrt“. 1929 wurde die Gesellschaft nach Berlin verlegt, und Hermann Oberth übernahm den Vorsitz. Zu dieser Zeit wandte sich eine Gruppe um Hermann Oberth, Rudolf Nebel, Kurt Heinisch und Rolf Engel den praktischen Fragen der Raketentechnik zu. Dieser Gruppe schloss sich 1929 der Maschinenbauingenieur Klaus Riedel an. Riedel zeichnete sich in der Gruppe als der versierte Praktiker aus. Zusammen mit Rudolf Nebel beschäftigte sich Riedel mit dem Raketenantrieb. In ersten Experimenten wurde dem Flüssigkeitstreibstoff der Vorrang gegeben. Die technische Vorbereitung und der Bau der Minimumrakete „Mirak“ waren im Sommer 1930 weit vorangekommen, sodass erste Brennversuche anstanden. Berlin bot dafür keine guten Möglichkeiten, auch waren die finanziellen Möglichkeiten nahezu erschöpft. Meta Riedel empfing in dieser Situation ihren Enkel im Oberlausitzer Städtchen Bernstadt. Zusammen mit Rudolf Nebel und Kurt Heinisch reiste Klaus Riedel im August 1930 mit wissenschaftlichem Gepäck nach Bernstadt, und sie führten auf einem Feld oberhalb der Pließnitz ihre Versuche durch. Unterstützung erhielten sie von Bernstädter Handwerkern, u.a. vom Elektriker Alfred Buttig. Am 7. September wurde dann die allererste Rakete der Welt gestartet. Der Versuch schlug zwar fehl, die Rakete explodierte kurz nach dem Start, aber die gewonnenen Erkenntnisse waren ent-

Die Raketenpioniere Klaus Riedel, Rudolf Nebel und Kurt Heinisch (v.r.n.l) in Bernstadt.

scheidend für die weitere Entwicklung der Raketenantriebe. Noch heute erinnern kleine Schilder an einigen Häusern von Bernstadt und die Büste von Klaus Riedel an dieses Ereignis.

Nur wenige Tage danach, am 27. September 1930, gründeten Rudolf Nebel und Klaus Riedel in Berlin-Reinickendorf den weltweit ersten Raketenflugplatz. Hier forschten sie mit Hermann Oberth, Paul Ehmayr und Kurt Heinisch. Zur Gruppe stieß noch der Physikstudent Wernher von Braun. So konnte im Mai 1931 erfolgreich die erste deutsche Flüssigkeitsrakete gestartet werden, und der Test von Flugkörpern bis 1.000 Metern Höhe erfolgte.

Riedel wurde im Mai 1932 Gründungsmitglied in der von Albert Einstein und Friedrich Simon Archenhold initiierten Panterra-Gesellschaft für die friedliche Großforschung. Ab August 1937 arbeitete Klaus Riedel an der Heeresversuchsanstalt Peenemünde. Riedel starb bei einem mysteriösen Autounfall im Jahr 1944. In Würdigung der Beiträge für die Raketenforschung erhielt ein Krater auf der Rückseite des Mondes 1970 nach Klaus Riedel und Walter Riedel den Namen Riedel.

48 Der Nudeldampfer in Löbau
Hans Scharoun

„Ein selbstständiger Architekt soll sich nicht von Sensationen, sondern von Reflexionen leiten lassen", war das Motto seines Lebens.

Denkt man an eine Fabrikantenvilla, so hat man die Vorstellung eines großen, prunkvoll ausgestatteten Hauses, eingebettet in eine Gartenlandschaft und mit einer repräsentativen Zufahrt. Solche finden sich häufig in der Oberlausitz, vor allem im südlichen Teil der Landschaft, wo im 19. Jahrhundert die Textilindustrie eine große Blüte erlebte und große Spinnerei- und Webereikomplexe entstanden. In Löbau findet man etwas abseits vom Stadtzentrum einen ganz anderen Vertreter dieser Bauwerke. Es ist das Wohnhaus des Nudelfabrikanten Fritz Schminke, das sehr transparent erscheint und auch ein wenig maritim wirkt, sodass es im Volksmund den Namen Nudeldampfer erhielt.

Das Gebäude gehört zu den herausragenden Architekturschöpfungen der Zwischenkriegszeit und wird oft auf eine Stufe mit der Villa Savoye in Poissy (Le Corbusier, 1928/31) und der Villa Tugendhat in Brno (Ludwig Mies van der Rohe, 1929/30) gestellt. Der Architekt der Löbauer Fabrikantenvilla ist Hans Scharoun. 1893 in Bremen geboren, zeigte er schon früh eine große Begabung für das Bauen. Scharoun studierte Architektur an der Technischen Hochschule Berlin-Charlottenburg und arbeitete ab 1918 als freier Architekt. Er gilt als bedeutender Vertreter der organischen Architektur, deren Grundgedanke es ist, sich von der Natur inspirieren, geschwungene, harmonische Formen im Einklang mit der Landschaft entstehen zu lassen. Zu seinem Freundeskreis zählten u.a. Walter Gropius und Ludwig Mies van der Rohe. Als Mitglied des Werkbundes schuf er zur Ausstellung „Die Wohnung" 1927 auf dem Stuttgarter Weißenhof ein Wohnhaus und zur Werkbundausstellung „Wohnung und Werkraum" (WuWA) 1929 in Breslau ein Ledigenwohnheim. Das Ehepaar Fritz und Charlotte Schminke stand dem zeitgenössischen Baugedanken offen gegenüber, und allem Anschein nach hat der Besuch der Breslauer Werkbundausstellung sie ermutigt, den Auftrag für ihr Wohnhaus an Scharoun zu geben. Es entwickelte sich eine rege Zusammenarbeit zwischen Bauherren und Architekt. Die Planungen gingen bis tief in die Einrichtung des Hauses hinein. Alles wurde auf die Lebensgewohnheiten der Bewohner bis hin zu den Kindern abgestimmt.

Der erste Entwurf war bereits 1930 fertiggestellt, die Ausführung erfolgte aber erst 1932/33. Der Baukörper ist ein zweigeschossiger Stahlskelettbau, der sich parallel an einer Hangkante in Ost-West-Richtung entlang zieht. Den sich im Norden anschließenden Garten mit einem Teich band Scharoun fest in das Gesamtkonzept des Hauses ein. Der großzügige, lichtdurchflutete Wohnbereich schließt im Osten mit einem unmerklich verschwenkten Wintergarten und einer Terrasse ab. Im Westen hingegen ist, kaum wahrnehm-

Die Gartenansicht der Villa Schminke.

bar und funktional schlüssig, der Wirtschaftsbereich mit der Küche angeordnet. Das Obergeschoss mit den Schlafräumen ist hingegen sehr zurückhaltend geschnitten und zweckgebunden ausgestattet. Die äußere Form des Hauses erinnert tatsächlich an einen Schiffskörper und lässt die Herkunft des Architekten von der Nordseeküste ahnen.

Im Mai 1933 bezog die Familie Schminke das Wohnhaus. Nur 12 Jahre später wurde es durch die sowjetische Militärkommandantur genutzt. 1946 erhielt Charlotte Schminke das Haus unbeschadet zurück und richtete ein Erholungsheim für Kinder bombengeschädigter Familien ein. Nach der Übersiedlung der Familie nach Celle wurde es zunächst ein Klubhaus für die Freie Deutsche Jugend (FDJ), später das Löbauer Pionierhaus. Das Gebäude wurde 1999/2000 unter maßgeblicher Beteiligung der Wüstenrot-Stiftung denkmalgerecht instandgesetzt und ist seitdem der Öffentlichkeit als Begegnungsstätte und zur Besichtigung zugängig.

Das Werk Scharouns ist umfangreich. Neben Wohnhäusern schuf er zahlreiche Kultur-, Schul- und Verwaltungsbauten. Die Villa Schminke und die Philharmonie in Berlin gelten als seine Hauptwerke.

49 Der Schöpfer des mechanischen Gehirns
Konrad Zuse

Konrad Zuse war einer der einflussreichsten deutschen Erfinder des 20. Jahrhunderts. Den Computer Z3 entwickelte er 1941. Es war der erste voll funktionsfähige Computer der Welt.

Konrad Zuse wurde am 22. Juni 1910 in Wilmersdorf als Sohn von Maria und Emil Zuse geboren. Mit zwei Jahren zog die Familie in das ostpreußische Braunsberg. Dort besuchte Zuse das bekannte humanistische Gymnasium Hosianum. Im Jahre 1923 zog die Familie nach Hoyerswerda, wo Zuse Schüler des Reform-Realgymnasiums wurde. Der junge Zuse experimentierte und konstruierte. So erfand er mit 14 Jahren „Zuses Mandarinenautomat". Dieser gab nach Einwurf einer Münze das Obst und Wechselgeld heraus. Eine Ehrenurkunde der Berliner Firma Walther & Co. erhielt Zuse für den Bau eines Kohleverladekranes mit einem Stabil-Metallbaukasten. Im Jahre 1928 bestand er seine Reifeprüfung.

Zuse studierte an der Technischen Hochschule Berlin-Charlottenburg zunächst Maschinenbau, wechselte später zur Architektur und schließlich zum Bauingenieurswesen. 1935 schloss Zuse sein Ingenieurstudium ab.

Bei der Henschel Flugzeug-Werke AG in Schönefeld erhielt er als Statiker eine Anstellung. Statische Berechnungen erlebte Zuse als sehr monoton und mühselig. Er wollte die Berechnungen automatisieren. Nach kurzer Zeit kündigte er bereits 1935 die Anstellung, richtete eine Werkstatt in der Wohnung seiner Eltern ein und wandte sich der Idee der automatisierten statischen Berechnung zu. 1938 präsentierte Zuse den elektrisch angetriebenen mechanischen Rechner Z1. Der Rechner las die Programme von gelochten Kinofilmstreifen ab, arbeitete aber aufgrund mechanischer Probleme unzuverlässig. Mit dem Z2 übertrug Zuse die mechanische Schaltung in die elektromechanische Relaistechnik. So konnte er Günther Bock, Technischer Direktor der Deutschen Versuchsanstalt für Luftfahrt, begeistern. Dieser erklärte sich bereit, die Entwicklung des Z3 mitzufinanzieren. Selbst sein Vater, bereits im Ruhestand, unterstütze den rastlosen Erfinder. Aus den Erfahrungen mit Z1 und Z2 entstand der Z3. Dieser arbeitete nun mit Relais und war der erste voll funktionsfähige Computer der Welt.

Im Zweiten Weltkrieg wurde Zuse bei der Sonderabteilung F bei der Henschel Flugzeug-Werke AG beschäftigt und als „unabkömmlich" eingestuft. Für die Henschel Flugzeug-Werke entwickelte Zuse die fest programmierten Spezialrechner S1 (1942) und S2 (1943) zur Flügelvermessung der Henschel-Gleitbombe Hs 293. Zuse mechanisierte das Ablesen der Messuhren und schuf die ersten Analog-Digital-Wandler. Im Jahr 1944 schuf Zuse in einem Werk in Warnsdorf die erste Prozesssteuerung per Computer.

Im Januar 1945 heiratete er in Berlin Gisela Brandes, mit der er später fünf Kinder hatte. 1945 gelang ihm mit seiner Fami-

Konrad-Zuse-Denkmal im Stadtpark von Hünfeld.

lie die Flucht. Er schloss sich der Gruppe Wernher von Brauns an. Nach mehreren Zwischenstationen ließ sich Zuse in Hinterstein im Allgäu nieder. Den zuletzt entwickelten Z4 konnte er retten. Er baute ihn zusammen, und in den ersten Monaten unterstützte er die ortsansässigen Bauern bei der Abrechnung ihrer Milcherträge. Das war die erste digitale Dienstleistung in Deutschland. Wenig später baute Zuse das erste deutsche Computerunternehmen, die Zuse KG, auf. Der Z4 war von 1950 bis 1955 an der ETH Zürich in Betrieb. Im Jahr 1964 gab Zuse die Firma auf und wurde als Berater tätig. Daneben entstand sein Buch zum „Rechnenden Raum".

Auf Grund seiner herausragenden Erfindungen war Zuse zu einer international hochgeschätzten Persönlichkeit aufgestiegen. 1979 nahm Konrad Zuse am „Internationalen Kolloquium zu aktuellen Problemen der Rechentechnik" an der Technischen Universität Dresden teil und stattete dabei auch Hoyerswerda einen Besuch ab. Er starb am 18. Dezember 1995 in Hünfeld.

50 Von Fahrrädern und Motordreirädern
Die Fahrzeugwerke in Zittau

Karl Gustav Hiller war ein findiger Konstrukteur und hat Zittau zu einem der führenden Standorte der Fahrzeugindustrie Deutschlands gemacht.

Am 30. März 1863 erblickte Karl Gustav Hiller in Zittau das Licht der Welt. Schon während seiner Zeit in der Zittauer Bürgerschule zog es den Jungen in die Schlosserwerkstatt Friedrich Eduard Müller, wo er sich die handwerklichen Grundkenntnisse erwarb. In einer Posamentenfabrik erfuhr er eine kaufmännische Ausbildung. Dort wurden in Handarbeit Fransen, Borten und Fadenbällchen für den Kleiderbesatz gefertigt. Von Neugier getrieben, entwickelte er nebenher eine Apparatur, welche die Herstellung erleichterte. Für die Bällchen-Heft- und Schneidemaschine wurde ihm 1889 das Patent erteilt. Weitere Patente sollten folgen. Nach dem Militärdienst ließ sich Hiller bei dem Schlossereiunternehmen Müller & Preußger anstellen. Auf einer Vertriebsreise für seine Bällchenmaschine durch Großbritannien lernte er im Jahre 1890 Fahrräder vom Typ Niederräder kennen. Er schloss mit der Fahrradfabrik Rover einen Vertrag, der ihm den Vertrieb und die Lizenzfertigung in Deutschland sicherte. Die Zweiräder wurden dann bereits 1894 unter der Marke „Phänomen-Rover" verkauft. Aus den Einnahmen der Patente kaufte er schließlich die Geschäftsanteile von Müller & Preusger auf und wurde Alleininhaber.

Bereits um 1900 begann Hiller mit einem motorisierten Zweirad zu experimentieren, und ab 1903 wurden Motor-Zweiräder verkauft. 1904 wurde der neue Firmenname Phänomen-Fahrradwerke Gustav Hiller Zittau ins Handelsregister eingetragen. Im selben Jahr präsentierte Hiller ein Dreiradfahrzeug, und mit diesem „Phänomobil" hatte er 1906 so großen Erfolg, dass er sich fortan um die Weiterentwicklung des Produkts bemühte. 1913 starb Hiller, sein Schwager Josef Freund übernahm die Firma und überführte sie in eine GmbH. Der Erste Weltkrieg machte den Firmeneignern zu schaffen, aber viel stärker traf sie ein Großbrand im April 1919, der 7.000 m² Produktionsfläche vernichtete.

Unter dem Sohn des Firmengründers Rudolf Hiller entstand ein neues Produktionsgebäude. Für die Reichspost wurde in den folgenden Jahren das Nutzfahrzeug „4RL" mit einer Tragfähigkeit von 0,75 t und dem ersten luftgekühlten Motor entwickelt. 1931 folgte mit dem „Granit 25" der Nachfolger im Nutzfahrzeug-Segment mit 1,5 t Nutzlast, 1936 der „Granit 30" mit 2,5 t Nutzlast. Der Name Granit war nun die neue Marke der Phänomen-Werke. Die Gebrüder Hiller, Rudolfs Bruder Kurt leitete die kaufmännische Abteilung, waren Halbjuden. Sie entschieden sich nach der Machtergreifung Hitlers zu bleiben. 1942 wurden sie als untragbar eingestuft und durch einen linientreuen Direktor ersetzt. Josef Freud, der die Firma nach Hillers Tod führte, emigrierte in letzter Minute mit seiner Familie nach Chile. Zwischenzeitlich wurden die Werke fast vollständig

Grabstätte Gustav Hillers auf dem Frauenkirchfriedhof in Zittau.

durch die Rüstungsprojekte des „Dritten Reiches“ vereinnahmt. Nach 1945 arbeiteten die Gebrüder Hiller in Stuttgart und Hamburg. Eine Wiederbelebung der Phänomen-Werke gelang nicht. Die leitenden Konstrukteure fanden mit ihrem kostbaren Wissen über die Lkw-Herstellung bei VW und bei Ford neue Anstellungen.

Nach dem Ende des Zweiten Weltkrieges veranlasste die Sowjetische Militäradministration in Deutschland die komplette Demontage des Werkes. Der Betrieb war enteignet worden und gehörte ab 1948 zur Industrievereinigung Fahrzeugbau Chemnitz. Mit dem ersten Zwei-Jahres-Plan sollte die Wiederaufnahme der Fahrzeugproduktion in Angriff genommen werden. Auf Grundlage des Kriegsmodells „Garant 1500“ wurde ein neuer Typ mit Namen „Granit 27“ gefertigt. Die Klagen der alten Unternehmensführung um das Markenrecht an „Phänomen“ war die Geburtsstunde des VEB Robur-Werke Zittau, die sich zu einem breit aufgestellten Unternehmen im DDR-Fahrzeugbau entwickelten, bis die Firmengeschichte und die Produktion mit der Auflösung der Robur-Werke im Jahre 1991 ihr Ende fanden.

51 Das gepresste schwarze Gold

Brikettfabrik Knappenrode

Die einst modernste Brikettfabrik Europas ist heute ein Museum und präsentiert in einmaliger Weise die Geschichte der Braunkohleindustrie und die Arbeitskultur einer zunehmend vergessenen Zeit.

Vor über 100 Jahren fand man südöstlich von Hoyerswerda bei Bohrungen in den Wäldern der Heide- und Teichlandschaft Braunkohle. Als sich zeigte, dass die Vorkommen bedeutend waren, kaufte die AG Eintracht Braunkohlenwerke und Brikettfabriken den Bauern die Grundstücke 1910 entschlossen ab und ließ den Wald zu einer großen Fläche roden. Der Bergbauunternehmer Joseph Werminghoff errichtete den Tagebau Grube Werminghoff I, heute Speicher Knappenrode. Viele weitere Aufschlüsse, so im Raum Lohsa, folgten. In unmittelbarer Nachbarschaft ließ Werminghoff eine Brikettfabrik errichten, die ab 1918 in Teilen und ab 1924 vollständig in Betrieb ging. Hier wurden bis zur Stilllegung im Jahre 1993 mehr als 67 Millionen Tonnen Briketts gepresst. Der neu entstandene Ort erhielt auch eine eigene Werksiedlung und zum besseren Abtransport der Kohle und der Briketts einen Bahnanschluss. Das war die Geburtsstunde von Knappenrode, das 1922 zur Landgemeinde erhoben wurde.

Das Lausitzer Braunkohlerevier ist noch recht jung. Früher wurde es als Ostelbisches Braunkohlerevier bezeichnet. Dazu zählten neben den beiden Lausitzen auch Frankfurt/O. und Forst. 1882 öffnete die erste Brikettfabrik Europas bei Domsdorf im heutigen Landkreis Elbe-Elster. 1894 gingen die ersten öffentlichen Elektrizitätswerke in der Oberlausitz in Betrieb. Sie versorgten die Orte Oderwitz und Eibau. Im Jahr 1896 folgte Ebersbach, 1897 Hirschfelde und 1898 Neusalza. Mit der Grube Stadt Görlitz bei Kohlfurt und dem Bau der Brikettfabrik, eines Kraftwerkes und der Errichtung eines Tagebaus wurden ab 1906 die Grundlagen für die Elektroenergieversorgung der Kreise Görlitz und Rothenburg gelegt.

Die Braunkohle hatte im Gegensatz zur Steinkohle für die Energie- und Brennstoffversorgung Deutschlands nur eine geringe Bedeutung. Dies änderte sich abrupt. Deutschland musste nach dem Ersten Weltkrieg große Teile des oberschlesischen Steinkohlereviers an den neu entstandenen Staat Polen abtreten. Damit gewann die Braunkohle an Bedeutung. Dies begünstigte im Lausitzer Braunkohlerevier den Übergang zur industriellen Förderung und Verarbeitung der Kohle in Tagebauen und Brikettfabriken. In allen deutschen Braunkohlengebieten führte das zu einer gewaltigen Steigerung der Förderleistung, und Deutschland wurde in den 1920er-Jahren weltweit zum größten Produzenten, aber auch zum größten Verbraucher von Braunkohle.

Wie ein großer Dampfer steht heute der rote, langgestreckte Backsteinbau der Brikettfabrik Knappenrode in der Landschaft. Bis 1946 war sie die modernste Brikettfabrik Deutschlands. Ohne wesentliche Beschädigungen oder Ver-

Die ehemalige Brikettfabrik Knappenrode ist heute als „Energiefabrik" ein technisches Museum.

änderungen ist sie auf uns gekommen, wurde sorgsam saniert und vermittelt heute eindrucksvoll als Energiefabrik Knappenrode ein beeindruckendes ganzheitliches Bild dieses Industriezweiges. Die Ausstellungen umfassen die fast vollständig eingerichtete Brikettfabrik mit einer lückenlosen Folge dampfbetriebener Brikettiertechnik. Das Museum ist seit 2005 Teil der Europäischen Route der Industriekultur. Ein Tagebaugroßgerät ist hingegen in Tauchritz bei Görlitz zu besichtigen. Der Schaufelradbagger aus der Braunkohlenförderung ist ein technisches Besucherdenkmal und wurde im Jahr 1961 vom VEB Schwermaschinenbau Lauchhammerwerk hergestellt.

Viele der ehemaligen Tagebaue wurden rekultiviert. Durch das Fluten stillgelegter Braunkohlentagebaue des Lausitzer Braunkohlereviers entsteht Europas größte künstliche Wasserlandschaft. Ein Teil der größten Seen sind als Seenkette durch schiffbare Kanäle miteinander verbunden. Damit erholt sich die Landschaft von der jahrzehntelangen Ausbeutung und wird ein gefragter Ort der Erholung und Erbauung.

52 Eine neue Stadt für die Energiearbeiter
Hoyerswerda

Hoyerswerdas Bedeutung für den Städtebau der DDR besteht darin, dass hier erstmals eine ganze Stadt unter den Bedingungen des industriellen Wohnungsbaus geplant und umgesetzt wurde.

Die einstige Standesherrschaft Hoyerswerda liegt am südlichen Rand des Lausitzer Seenlandes. Bis in die Mitte des 20. Jahrhunderts war sie eine verträumte Kleinstadt mit einem Schloss und der dreischiffigen, spätgotischen Johanneskirche. Zu Beginn der 1950er-Jahre sollte sich das ändern. Nach dem Ende des Zweiten Weltkriegs wurden die einst sächsischen Städte Hoyerswerda und Weißwasser 1952 dem neu errichteten Bezirk Cottbus zugeordnet. Dieser wurde auch als Energiebezirk bezeichnet, lag doch hier ein Großteil der Braunkohleabbau-, -verarbeitungs- und -veredelungsstandorte.

Nördlich von Hoyerswerda entstand ab 1955 auf ca. 900 Hektar das Braunkohlenveredelungswerk des Kombinats Schwarze Pumpe. Für dessen Beschäftigte musste Wohnraum geschaffen werden. Die Wahl fiel auf Hoyerswerda. Wie auch in Eisenhüttenstadt (bei Fürstenberg ab 1950) und Halle/Saale (Halle-Neustadt ab 1960) entstand nun eine DDR-Planstadt als sozialistische Wohnstadt außerhalb des bisherigen Siedlungsraumes. Vorbilder gab es dazu schon, z.B. im polnischen Nowa Huta (1951–1954) für das dortiges Eisenhüttenkombinat.

Ab 1955 bis etwa 1959 wurden 2.000 Wohnungen am Rand der alten Stadt errichtet. Diese erste Siedlung wurde noch traditionell mit Ziegelbauten mit einem kräftigen Satteldach ausgeführt.

Die Neustadt spiegelt sich in sieben Wohnkomplexen zu jeweils 1.200 Wohnungen. Diese wurden in Großplattenbauweise hergestellt. Dafür wurde nahe Hoyerswerda 1955 das erste vollmechanisierte Großplattenwerk der DDR mit einer Jahreskapazität von 7.000 Wohnungseinheiten gebaut.

Die Planungsgeschichte der Neustadt in der Etappe von 1957 bis 1965 ist höchst interessant. Das Entwurfsbüro für Stadt- und Dorfplanung Halle lobte Ideenwettbewerbe aus. Der favorisierte Vorschlag von B. Schulze-Schünemann und M. Röser versuchte, die Wohnblocks dem Verlauf der Kranbahn anzupassen, blieb aber trotzdem dem Prinzip der in sich geschlossenen Bauensembles treu. Dieser Vorschlag bot, obwohl mit manchen Reduzierungen ausgeführt, die wohl größte räumliche Homogenität. 1956 folgte ein Ideenwettbewerb zur baukünstlerischen Gestaltung. Dabei durfte der Verlauf der Magistrale und der erste Wohnkomplex aus der Mitte der 1950er-Jahre am Rande der Altstadt als Bindeglied zwischen Altstadt und Neustadt nicht verändert werden. Die so entwickelte Gestaltung setzte Maßstäbe, die fortan in den Neubaugebieten der DDR-Städte verbindlich sein sollte.

Beiderseits der zwei Kilometer langen Magistrale gruppierten sich sieben Wohnkomplexe. Der Verzicht auf städtebauliche Betonung der jeweiligen Begren-

Hoyerswerda. Blick in die Magistrale, Herzstück der Neustadt.

zungslinien führte so zu einer additiven Aneinanderreihung der Wohnkomplexe ohne räumliche Kontraste. Hochhausdominanten wie Rathaus und Hotel sollten im Kontrast zu der gleichförmigen viergeschossigen Wohnbebauung stehen und waren auch als Kontrapunkte zu den fünf achtgeschossigen Wohnhäusern der Magistrale gedacht. Diese Überlegung sorgte für ein beachtliches Aufsehen. Die acht Wohnbauten der Magistrale entstanden in den folgenden Jahren. Die gegenüberliegenden Flächen der Gesellschaftsbauten bleiben über Jahrzehnte leer. Hier wirkte sich die lange Bauverzögerung empfindlich aus. Noch 1965/66, als das Zentrum Warenhaus als erster Bau am zukünftigen Platz projektiert wurde, gab es keine städtebauliche Gestaltungskonzeption für die Gesellschaftsbauten des Stadtzentrums. Das städtebauliche Rückgrat, die Magistrale, geriet zur reinen Verkehrsstraße ohne gesellschaftliche Einrichtungen. Weitere Wohnkomplexe entstanden 1966 bis 1975 und in der zweiten Hälfte der 1980er-Jahre. Die Bevölkerung verzehnfachte sich auf über 70.000 Einwohner, fiel aber in den Jahren nach 1989 auf 32.000 Einwohner.

53 Oberlausitzer Heide- und Teichlandschaft
Das Biosphärenreservat

Der Pflege und Erhaltung der einmaligen, jahrhundertealten Kulturlandschaft wurde mit Erklärung zum Biosphärenreservat ein Rahmen gegeben und die künftige Entwicklung unter fachlicher Aufsicht und Begleitung gesichert.

Die Heide- und Teichlandschaft im Norden der Oberlausitz besitzt eine reiche Naturausstattung und ist wegen der großen Teichgebiete für den Natur- und Artenschutz von großer Bedeutung. Zusammen mit dem nördlich angrenzenden Niederlausitzer Seenland ist es die größte zusammenhängende Teichlandschaft Mitteleuropas.

Das Gebiet breitet sich auf einer Fläche von 30.000 Hektar aus. Knapp die Hälfte davon ist als Naturschutzgebiet ausgewiesen. Hier leben gut 9.200 Einwohner, seit Jahrhunderten Sorben und Deutsche miteinander. Eine Besonderheit sind die Braunkohlentagebaue mit einer Fläche von ca. 2.000 Hektar. Seit 1994 besteht eine einstweilige Sicherstellung als Biosphärenreservat, 1996 folgte die Anerkennung durch die UNESCO. Es ist das 13. Biosphärenreservat in Deutschland, inzwischen sind 17 Gebiete anerkannt. Sie repräsentieren wichtige deutsche Landschaftstypen und stehen für die Vielfalt der Lebensräume vom Hamburgischen Wattenmeer über die Schorfheide-Chorin, den Spreewald bis zum Berchtesgadener Land.

Die Oberlausitzer Heide- und Teichlandschaft liegt im Bereich des Lausitzer Urstromtales und ist geprägt durch einen häufigen Wechsel von breiten Auen und Niederungen der Flüsse mit trockeneren Dünen und Moränengebieten. Seit dem 6. Jahrhundert siedeln hier die Sorben, die Nachfahren von westslawischen Stämmen. Nach dem Zuzug deutscher Siedler im 12. und 13. Jahrhundert blieben diese Siedlungsgebiete erhalten. Mit der Ansiedlung deutscher Bauern im slawischen Siedlungsgebiet erfolgte die Anlage der ersten künstlichen Teiche zur Aufzucht von Speisefischen. Die verstärkte Urbarmachung der Landschaft hatte die Umwandlung von einem großen Teil der Nieder- und Zwischenmoore in Teiche, Wiesen und Äcker zur Folge. Mit zunehmender Besiedlung erfolgten Rodungen. Diese führten zu einer Übernutzung des Waldes und schließlich zur Entstehung großflächiger Heiden. Das heutige Waldbild ist das Ergebnis der seit Mitte des 19. Jahrhunderts vorgenommenen Anlage von Kiefernwäldern.

Der Abschnitt zwischen Lohsa und Bärwalde ist Teil des Oberlausitzer Bergbaureviers. Dieser Naturraum hat tiefgreifende Veränderungen erfahren. Das Landschaftsbild hat sich deutlich verändert, Siedlungen mussten aufgegeben werden, ein Stück kultureller Identität ging verloren. Die Grundwasserabsenkung im Umfeld der Tagebaue hat zur Schädigung wertvoller Feuchtgebiete und der bestehenden Siedlungen geführt.

Im Biosphärenreservat leben über 3.400 Tierarten. Die Teiche sind Lebensraum u.a. zahlreicher Wasserkäferarten. Auf den Flä-

Das Haus der Tausend Teiche (rechts) und der Verwaltungssitz des Biosphärenreservats.

chen der ehemaligen Truppenübungsplätze leben Grabwespen und Wildbienen. Im Gebiet kommen 23 Fischarten vor. Besonders hervorzuheben sind der Europäische Schlammpeitzger, das Bachneunauge und der Steinbeißer. Zu den 15 präsenten Amphibienarten gehören vergleichsweise große Bestände vom Europäischen Laubfrosch und dem Moorfrosch. Unter den sechs vorkommenden Reptilienarten sind Glattnatter und Kreuzotter vertreten. Seit dem Jahr 1997 konnten 161 Brutvogelarten festgestellt werden, dabei gehören einige Arten zu wesentlichen Teilen der sächsischen Population. Im Biosphärenreservat brütet der Seeadler mittlerweile mit etwa 27 Paaren und der Kranich mit 45 bis 50 Paaren. Auf dem Herbstzug rasten bis zu 30.000 Wasservögel im Gebiet, diese bestehen aus über 70 Zugvogelarten. Insgesamt sind 49 Säugetierarten nachgewiesen. Unter 16 Fledermausarten fallen die Bestände von Wasserfledermaus und Großem Abendsegler auf. Der Fischotter hat mit 100 bis 150 Alttieren eines der dichtesten Vorkommen in Mitteleuropa. Mit 27 Seeadlerpaaren hat das Biosphärenreservat eine der höchsten Bestandsdichten dieser Greifvogelart in Mitteleuropa.

Die Belastungen durch die industrielle Entwicklung und vor allem durch den Bergbau haben bereits in den 1960er-Jahren zur Ausweisung von Naturschutzgebieten geführt.

54 Merkwürdige Oberlausitzer Spezialitäten
Liebesperlen, Senf und Gerstensaft

Jede Region hat ihre Besonderheiten. Sie sind ein Teil des alltäglichen Lebens geworden, werden geliebt und geschätzt. So manches hat sich zu einem Markenzeichen entwickelt.

Hoinkis und die Liebesperlen

Liebesperlen werden durch Dragieren aus Traubenzucker, Zuckerwasser und Lebensmittelfarbstoffen hergestellt. In den schräggestellten rotierenden Kupferkesseln werden die Zuckerkristalle immer wieder mit einer Traubenzuckerlösung besprüht und abgestreut, sodass nach einiger Zeit kleine Zuckerkügelchen entstehen.

Rudolf Hoinkis gründete am 16. August 1896 die Süßwarenfabrik. Das Familienunternehmen überlebte den Ersten und auch den Zweiten Weltkrieg. Die Eigentümer erlebten danach die Halbstaatlichkeit und die völlige Enteignung. Am 1. August 1990 gelangte der Betrieb wieder in die Hände der Familie. Der Anfang in den neunziger Jahren war denkbar schwer, aber die Liebesperlen retteten das Unternehmen. Jetzt wird es in vierter Generation geführt und im Jahr 1996, zum 100-jährigen Bestehen, konnte ein neues Firmengebäude im Görlitzer Gewerbegebiet eingeweiht werden. Heute ist der Name Hoinkis über Deutschland hinaus bekannt. Das Unternehmen exportiert die Liebesperlen und andere Süßwaren in mehr als 22 Länder.

Die ersten Liebesperlen wurden 1908 hergestellt. Den Namen der Süßigkeit soll die Frau des Erfinders Rudolf Hoinkis vorgeschlagen haben, als er die Zuckerkügelchen am Freitag, dem 3. April 1908, mit nach Hause brachte. Der Legende nach stellte er die Neuerung Frau und Sohn mit den Worten vor: Er liebe sie genauso wie die Perlen, für die er noch keinen Namen habe. Woraufhin seine Frau Elfriede den Namen „Liebesperlen" vorschlug.

Scharfe Köstlichkeiten

Bautzener Senf ist wohl eines der bekanntesten ostdeutschen Produkte. Die Tradition der Senfherstellung geht bis in das Jahr 1866 zurück und wurde durch die Firma Britze & Söhne begründet. In deren Feinkostabteilung wurde auch Mostrich hergestellt. Nach der Verstaatlichung der Firma im Jahre 1953 firmierte es als VEB Essig- und Senffabrik Bautzen, später als VEB Lebensmittelbetrieb Bautzen. Dort wurde auch der mittelscharfe Senf hergestellt und unter der Marke Bautzener Senf vertrieben. Auch nach den politischen Veränderungen hielten die Verbraucher treu zu ihrem Senf. Die Marke gehört seit 1992 zum Konzern der Develey Holding GmbH & Co. Beteiligungs KG aus Bayern. Versuchen, die Rezepturen zu verändern, wurde eine deutliche Absage erteilt. Inzwischen äußert sich die Liebe zum Produkt auch in einem Senf-Museum.

Die Landskronbrauerei

Die Landskron Brau-Manufaktur Görlitz ist eine traditionsreiche Brauerei. Sie geht auf die 1869 gegründete Görlitzer Aktien-Brauerei zurück und stellt heute

Blick in die Produktionsstätte der Liebesperlen in Görlitz.

immer noch in einigen der vor 150 Jahren kunstvoll in Backstein errichteten Gebäuden ihren Gerstensaft her. Sie gehört damit zu den ältesten produzierenden Industriedenkmälern Deutschlands. Die tiefe Schlucht, in die das Unternehmen hineingebaut wurde, erwies sich für die Arbeitsabläufe der Brauerei als besonders vorteilhaft und bot am Ende auch eine natürliche, kühle Lagerung des Gerstensaftes. Das Landskronbier erfreut sich bis heute großer Beliebtheit, wurde 1882 als Marke patentrechtlich eingetragen und errang über die Jahrzehnte viele Auszeichnungen. In Anlehnung an alte Traditionen entstand in den späten zwanziger Jahren in den Farben der Oberlausitz, Blau und Gelb, das stilisierte „L", welches zu einem weithin bekannten Symbol wurde. Die Landskronbrauerei war zu jener Zeit die größte Brauerei Niederschlesiens. Sie ist heute eine privat geführte Braumanufaktur mit einem breiten Sortiment an Bieren und Limonaden. Auch kulturell ist die Brauerei sehr aktiv. Neben den jährlichen Brauereifesten finden, gerahmt von der Kulisse des eleganten Industriedenkmals, große Veranstaltungen mit international bekannten Künstlern statt.

55 Moderne Pomologen
Die Oberlausitz-Stiftung

Der Erhalt historischer Obstsorten lebt von engagierten Menschen, die Zeit, Wissen und Tatkraft einbringen, um ein Stück unserer kulturellen Identität zu bewahren.

Vieles, was wertvoll und nützlich ist, verliert im Alltäglichen unsere Aufmerksamkeit, wird beliebig oder geht gar gänzlich verloren. Beispiele dafür gibt es genug. Noch vor 70 Jahren wusste man von der Vielfalt der Äpfel, kannte die Eigenschaften der Apfelsorten, zum Beispiel welche sich für die Lagerung eigneten, um sie im Winter immer noch genussvoll verspeisen zu können. Heute erwirbt man zu jeder Jahreszeit im Supermarkt einen Apfel, ohne recht zu wissen, woher er kommt und was für besondere Eigenschaften er besitzt. Er unterliegt vielmehr einer festgefügten Qualitätsnorm nach Größe, Form und Farbe, die eine naturgegebene Breite unzulässig reduziert. Dabei hat die Pflege der verschiedenen Obstsorten in Sachsen eine lange Tradition. Schon die sächsischen Kurfürsten förderten den Obstanbau mit einer Gesetzgebung, die uns heute schmunzeln lässt. Neben der Verpflichtung jedes Hochzeitpaares, sechs Obstbäume auf seinem Besitz zu pflanzen, wurde 1726 verfügt, dass alle Bauern, Gärtner und Häusler jährlich einen guten Obstbaum entlang der Straßen, Wege und Feldwege zu setzen haben, „bis kein Platz mehr vorhanden“ ist. Der Hintergrund dafür ist wohl die ausreichende Versorgung der Bevölkerung mit einem Naturprodukt. Dessen Wert und Vielfalt wurde im 18. Jahrhundert schrittweise wissenschaftlich erkannt. So legte 1758 der hessische Gärtner Johann Hermann Knoop mit seinem Werk „Pomologia“ das erste Grundlagenwerk über die Gartenfrüchte vor und prägte damit für die Obstbaukundler den Begriff „Pomologen“. Die Oberlausitz tritt im 19. Jahrhundert mit eigenen Aktivitäten hervor. So gab der 1834 in Zittau gegründete Verein zur Beförderung des Obstbaus in der Oberlausitz 1840 das „Das Obstbüchlein. Ein Lesebuch für die deutschen Bürger- und Landschulen“ heraus und empfahl 109 Apfelsorten zum Anbau in der Oberlausitz. Im Jahre 1848 wurde in Görlitz einer der ersten pomologischen Gärten Deutschlands errichtet. Mit einer solchen Entwicklung konnte 1863 auch die 4. Allgemeine deutsche Versammlung von Pomologen, Obst- und Gemüsezüchtern nach Görlitz geholt werden. Im ersten Drittel des 20. Jahrhunderts verschob sich der Schwerpunkt auf anbautechnische und betriebswirtschaftliche Fragen, und nach der Jahrhundertmitte kam es in Deutschland zu einem Umbruch in den Anbauformen, der in der Folgezeit zum Niedergang der Pomologie, zu einem Rückgang der Streuobstwiese und, mit dem Ziel höherer Erträge, zu einer Reduzierung auf Hauptsorten führte.

Die Oberlausitz-Stiftung stemmt sich gegen diese Entwicklung. Der Höhe des Stiftungskapitals nach ist es die kleinste deutsche Stiftung, ihr Anspruch hingegen

Augenweide.

ist nicht hoch genug zu bewerten, wird sie doch ehrenamtlich betrieben. Begonnen hat alles im Jahre 2005. Dr. Michael Schlitt erwarb eine 2,5 Hektar große Wiese im Ostritzer Ortsteil Leuba und errichtete im Jahre 2006 zusammen mit seiner Frau Bettina die Oberlausitz-Stiftung mit dem Ziel des Erhalts alter Obstsorten in einem „Obstsortengarten der Oberlausitz". Derzeit unterhält die Stiftung auf ca. 1.300 hochstämmigen Obstbäumen fast 600 verschiedene historische Obstsorten. Schwerpunkt der Sammlung ist der Erhalt historischer Sorten, die früher in Sachsen weit verbreitet waren. In diesem Zusammenhang wird ein sogenanntes „POMARIUM SAXONICUM" auf der Grundlage verschiedener historischer Verzeichnisse aufgebaut. Die Stiftung entwickelte eine Reihe nachhaltiger Projekte, so z.B. die Nutzung von Streuobst durch Schülerfirmen, den Erhalt alter sächsischer und tschechischer Obstsorten und den Schutz der Wildbienen. Für Letzteres erhielt die Stiftung den eku-Zukunftspreis des Sächsischen Umweltministeriums.

Der Autor

Dr. Andreas Bednarek, geboren 1957 in Görlitz, begleitete als Hochbauingenieur und Kunstwissenschaftler nach Anstellungen im Museumswesen und in der Bauforschung ab 2001 mit seinem Büro insbesondere denkmalpflegerische Instandsetzungen und Restaurierungen in Sachsen und Brandenburg. Seine Forschungen zur Baukultur, vor allem der Oberlausitz und Schlesiens, haben in zahlreichen Veröffentlichungen ihren Niederschlag gefunden. Er ist Mitglied in verschiedenen Organisationen, u.a. in der Oberlausitzischen Gesellschaft der Wissenschaften zu Görlitz.

Bildnachweis

Einband vorne: Shutterstock/Sergey Kohl;
S. 21: Entnommen aus: Rauda, Fritz: Die mittelalterliche Baukunst Bautzens. Görlitz 1905. S. 97;
S. 31: Diana Fritzsche-Grimmig;
S. 33: Arnd Matthes;
S. 37: Das kleinere Bildnis Scultetus vom Jahre 1572. Entnommen aus: Neues Lausitzisches Magazin. Band 83. 1. Heft. Görlitz 1907;
S. 39: Jacob Böhme, Ölgemälde von Christoph Gottlob Glymann. Entnommen aus: https://de.wikipedia.org/wiki/Jakob_B%C3%B6hme;
S. 45: Archiv des Fördervereins Adelspädagogium -Dannenberghaus Uhyst e.V.;
S. 51: Ehrenfried Walther von Tschirnhaus, Stich von Martin Bernigeroth. 1708. Entnommen aus: https://de.wikipedia.org/wiki/Ehrenfried_Walther_von_Tschirnhaus;
S. 53: Gotthold Ephraim Lessing, Gemälde von Anton Graff. 1771. Entnommen aus: https://de.wikipedia.org/wiki/Gotthold_Ephraim_Lessing;
S. 55: Entnommen aus: Die Gartenlaube. Illustrirtes Familienblatt. Leipzig 1862. S. 157;
S. 57: Bibliothekssaal. Eigentum der Görlitzer Sammlungen für Geschichte und Kultur. Foto Daniel Zielske;
S. 63: Porträt von Christian Weise (1642-1708). Entnommen aus: https://de.wikipedia.org/wiki/Christian_Weise;
S. 71: Gottlob Ludwig Demiani. Bildarchiv Bednarek, Bernstadt;
S. 81: Albrecht von Roon, Fotografie von Carl Günther, 1870. Entnommen aus: https://de.wikipedia.org/wiki/Albrecht_von_Roon;
S. 85: Archiv der Sächsische Steinmetzschule Demitz-Thumitz;
S. 99: Arthur Biram, 1928. Entnommen aus: https://de.wikipedia.org/wiki/Arthur_Biram;
S. 105: Konrad Zuse Denkmal im Hünfelder Stadtpark. Entnommen aus: https://upload.wikimedia.org/wikipedia/commons/2/29/Konrad_Zuse_Denkmal_im_Huenfelder_Stadtpark.JPG;
S. 101: Heimatmuseum Bernstadt a.d.E.;
S. 117: Archiv der Oberlausitz-Stiftung.
Alle weiteren Abbildungen Andreas Bednarek, Bernstadt a.d.E.

Kloster Marienthal bei Ostritz.

Impressum
Sutton Verlag GmbH
Schweickhardtstraße 1
72072 Tübingen
www.suttonverlag.de

ISBN: 978-3-96303-484-8
Printed in Poland by CGS
Gestaltung und Herstellung: Sutton Verlag
Lektorat: Michael Raffel, Tübingen

Ebenfalls erhältlich ...

ISBN 978-3-89702-199-0

Dieser Bildband zeichnet die Entwicklung der Stadt Kamenz von 1900 bis zum Ausbruch des Zweiten Weltkrieges nach.

Ebenfalls erhältlich …

ISBN 978-3-96303-010-9

Eberhard Schmitt präsentiert anhand von 55 Bildpaaren aus derselben Perspektive den rasanten Wandel Bautzens seit der Wende.

SUTTON

www.suttonverlag.de

Ebenfalls erhältlich ...

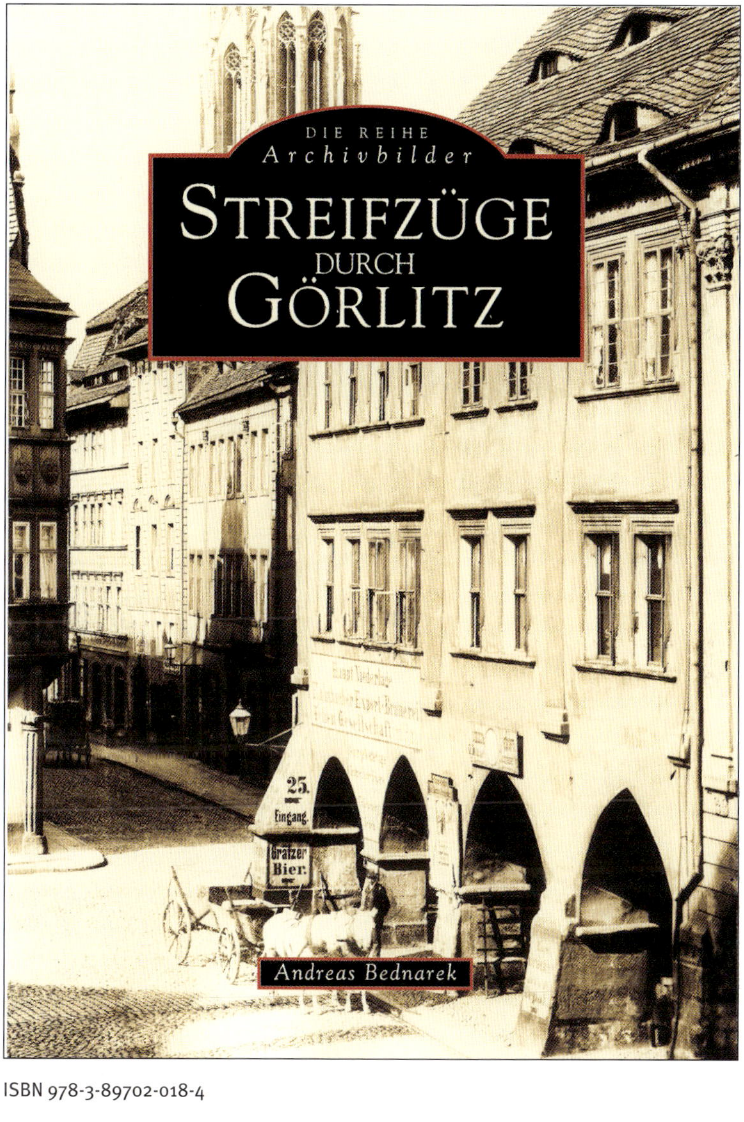

ISBN 978-3-89702-018-4

Mehr als 210 historische Fotografien locken den Leser in diesem Bildband auf eine spannende Entdeckungsreise in das historische Görlitz .